鹿子生浩輝
Hiroki Kakoo

マキァヴェッリ

――『君主論』をよむ

岩波新書
1779

はじめに

マキァヴェリズムの祖？

優れた権力者は、いかなる資質を持つべきか。君主は、どう振る舞えば自らの権力を維持できるか。いかなる政治行動が合理的であるのか。リーダーは、いかに部下を扱うべきか。政治とはいかにあるべきか。これらの問いは、古今東西、様々な人物によって論じられてきたが、ニッコロ・マキァヴェッリ（一四六九―一五二七）は、そうした問いに正面から答えた人物の一人であり、それを論じた著作が『君主論（*Il Principe*）』である。

マキァヴェッリは、君主がいかに振る舞うべきかという問いに対し、異様と言うべきいくつかの回答を提示している。『君主論』によれば、例えば、君主は、愛されるよりも恐れられねばならない。君主は、慈悲深いよりも残酷でなければならない。君主は、気前良いよりもけちでなければならない。君主は、約束を破ってもかまわない。これらを簡単にまとめるならば、君主は、悪徳を行使しなければならないということになろう。これらの助言は、後世にマキァヴェッリをきわめて悪名高きものとした。

現代でも誰かが、ある政治家に「あなたは、マキァヴェリストである」と言えば、この人物は、その政治家を強烈に批判していることになろう。通常「マキァヴェリズム」とは、目的のためには手段を選ばず、権謀術数を弄してもよいという考え方やそうした行動様式を意味する。この考え方や行動様式をとる人物は、しばしば「マキァヴェリスト」と呼ばれている。言うまでもなくマキァヴェッリは、これらの言葉の語源である。

誤解された男

多くの人々は、マキァヴェッリがこうした意味でのマキァヴェリズムを提唱した人物であると考え、彼が実際にその悪しき統治術を一六世紀初頭の支配者、すなわち、『君主論』の読者メディチ家に助言したと解釈してきた。しかし、この理解は適切とは言いがたい。

この誤解が生じたのは、いくつかの理由がある。その一つがマキァヴェッリの死後の歴史的経緯である。特にフランスにおける一五七二年の「聖バルテルミーの虐殺」は、マキァヴェッリに対する痛烈な非難を生じさせた。ユグノーに対するこの虐殺の首謀者は、カトリーヌ・ド・メディシスであると目されている。彼女の名前をイタリア語読みすれば、カテリーナ・デ・メディチであり、彼女の父親ロレンツォ・デ・メディチこそ、かつてマキァヴェッリが『君主論』を献呈しようとした人物である。そのためマキァヴェッリは、メディチ家に虐殺を指示した極悪人であるかのように考えられたのである。

こうした事情から、フランスに限らず、多くのプロテスタントにとっては、マキァヴェッリは、カトリック側からメディチ家に邪悪な思想を教え込んだ人物とみなされた。この考えの背後には反イタリアの感情もあった。しかも、いったんこうした解釈が成立すると、プロテスタントに限らず、多くの人々がマキァヴェッリを邪悪な人物、策略家、無神論者、詐欺師として理解した。しかしこの理解は、彼の著作を丹念に読み込んだからというより、彼の名前が当時の政治的レッテル貼りに利用されたために生じたと見るべきだろう。マキァヴェッリに対するこうした悪評は、少なくとも彼の生きた時代には見当たらない。

近代イタリア国家の予見者？

他方、マキァヴェッリの『君主論』を肯定的に評価する人々もいた。その評価の一つは、彼がフランスやスペインなどの絶対王政ないし近代国家を理想としていたという解釈である。例えば、マキァヴェッリは、フィレンツェの都市国家という伝統的な統治形態を脱却しようと考え、いち早く近代国家へと進むよう、読者に訴えていたというのである。ところが、この解釈は、重大な問題を抱えている。すなわち、マキァヴェッリは晩年に至るまでいくつかの著作で、祖国フィレンツェへの強い愛着を表明し、伝統的な都市共和政を望ましい統治形態だと考えていることである。

例えば、『君主論』執筆後に完成した別の著作『ディスコルシ（ティトゥス・リウィウスの最初の一〇巻に関する考察）』は、近代国家ではなく、古代のローマを模倣するようフィレンツェ市民に説いている。しかもマキァヴェッリはその後の著作『戦術論』『フィレンツェ政体改革論』『フィレンツェ史』でも、共和政期ローマを望ましい統治として扱うか、あるいは、フィレンツェでの共和政の維持をあたかも自明のこととしている。彼にとっては、理想的な政治が見出せるのは、近代ではなく、古代であった。

さらに、マキァヴェッリの理想が近代の絶対王政や君主政であったという解釈と重なるところもあるが、やや力点の異なる別の有力な解釈がある。それは、マキァヴェッリが一九世紀後半に成立した統一国家イタリアをすでに一六世紀初頭に構想していたという解釈である。

この解釈の根拠は、『君主論』の最終章でマキァヴェッリが「イタリアの解放」を熱烈に勧めている点に求められている。しかし、本書で検討するように、マキァヴェッリのこの訴えは、イタリア国家統一を勧める議論ではない。興味深いことに、この解釈は、国民国家の運動が勢いづいた一九世紀に大いに広まり、それが相対化された二〇世紀中葉以降に次第に廃れていく。事実、現在ではこの解釈は、少なくとも専門研究のレベルでは支配的ではない。

マキァヴェッリの生涯

このようにマキァヴェッリ解釈の歴史は、後世の人々が見たいと思うものを彼の思想にその都度見出してきた歴史と言わざるをえない。本書では、彼の生きた時代からその思想を検討し、彼とその政治思想の実像を明らかにしたい。まずここでは、彼の生涯を簡単に辿っておこう。

マキァヴェッリは一四六九年、イタリアのフィレンツェ共和国に生まれた。当時は、有力な商人メディチ家がその都市を統治していた時代であり、ルネサンス文化の最盛期と言ってもよい。しかし、政治的には混迷をきわめた時期でもある。メディチ家が一四九四年にフィレンツェから追放されると、修道士ジローラモ・サヴォナローラを精神的支柱とした民主政がそこに誕生した。

この修道士の失脚後、マキァヴェッリは、共和国の第二書記局の長となった。彼は、有力市民ピエロ・ソデリーニが一五〇二年に共和国元首(執政長官)となると、彼の右腕となって祖国のために尽力した。彼は外交では、皇帝、教皇、フランス王、イタリアの君主たちと交渉し、内政面でも市民軍の創設をはじめとする様々な職務にあたり、官僚として祖国フィレンツェを下支えしていた。

ところが、一五一二年にソデリーニ政権は、スペインの力を借りたメディチ家によって転覆させられた。メディチ家が一八年ぶりにフィレンツェ統治に復帰し、ソデリーニの懐刀だったマキァヴェッリは、書記官の職を失った。そこで彼は、『君主論』を執筆し、統治術をメディチ家に与えることで同家から何らかの政治職を得ようとした。この作品が実際にメディチ家に献呈されたかどうかは分からない。しかし、その作品のためにマキァヴェッリがメディチ家から恩恵を与えられることはなかった。

マキァヴェッリにとって、苦しい日々が何年も続いた。収入源を失い、都市フィレンツェから離れた田舎の山荘に引きこもった彼は、家族や友人たちにとっても、自分にとっても、役立たずの厄介者だと感じていた。僻地で子どもに勉強でも教えるしかないと思っていた。彼は、苦難に耐えながらも、幸運がやって来たら、それをつかめるようにしていた。

マキァヴェッリがおそらくメディチ家への仕官を諦めていた頃、フィレンツェ市民たちの知的サークルに参加するようになり、そこで『ディスコルシ』の執筆に着手した。この作品は、すでに示したように、古代ローマ史を素材に彼が理想とする共和国を論じた作品である。さらに、彼の生前に唯一公刊された著作『戦術論』も、この集いから生まれたと言ってよい。そのサークルのメンバーの一部は、メディチ家に陰謀を企てたが、別のメンバーが彼をメディチ家に引き合わせた。

そのため、一五二〇年頃からはマキァヴェッリとメディチ家との関係は、徐々に好転した。彼は、メディチ家から簡単な仕事を任せられるようになり、フィレンツェがどのような政体を採るべきか同家から諮問された際には『フィレンツェ政体改革論』を執筆している。さらにメディチ家は、マキァヴェッリに『フィレンツェ史』を執筆するよう命じた。メディチ家出身の教皇クレメンス七世の頃、イタリア諸国が皇帝に対抗した際には、マキァヴェッリは、教皇に間接的ながら政策を提言できる立場にあった。

ところが、運命の女神は、最後まで彼に微笑まなかった。ようやくメディチ家に認めてもらえるようになった頃、イタリア諸国を率いた教皇クレメンス七世が神聖ローマ皇帝カール五世との戦いで苦境に陥り、一五二七年の「ローマの劫略」をもたらした。その影響でメディチ家は、フィレンツェから再び追放された。その後マキァヴェッリは、メディチ家不在の共和国で再び書記官に立候補するが、同家との関係が濃厚であったためか、落選し、同年に死去した。

マキァヴェッリの実像を求めて

肖像画や胸像などで見るマキァヴェッリは、正直なところ、精彩を欠いている。中背で痩せており、黒い髪は、ビロードのように頭皮にへばりついている。なぜこのような男が長い間、誤解されてきたのだろうか。彼が誤解され続けてきたということそれ自体は、すでによく知られている事実かもしれない。では、彼は、実際にはどのような思想を抱いていたのだろうか。

本書の第一章では、マキァヴェッリの生涯とその人物像に焦点を合わせ、彼の人間性に対する誤解を修正しよう。フィレンツェ共和国の書記官であった彼は、多くの難題を抱えた祖国のために奔走した。彼の思想は、その政治的経験に裏打ちされていると見てよいだろう。たしかに彼の死後、さほど遅くない時期に、ある年代記作家から「マキァヴェッリはすべてのフィレンツェ市民に嫌われていた」と記述されることになる。しかし、こうした強い非難は、彼の生前には見当たらない。彼は、たしかに信仰心が篤い人物だったわけではない。とはいえ、けっしてすべての市民に嫌われるような悪人ではなかった。彼はむしろ、家族・友人・祖国を愛するユーモラスな人物であった。

第二章では、『君主論』の基本的な主題を見ていくこととしよう。注目すべきは、マキァヴェッリがその著作でどのような政治状況を想定していたのかという点である。彼は、すでに見たような異様な助言を君主に提供しているが、その理由は、作品の主題の特異性と密接に関連している。その主題とは、「新君主国」というきわめて特殊な政治状況をめぐるものである。『君主論』での考察は、征服の政治学と言うべき理論であり、しかもそれは、メディチ家の若者が実際に直面していた政治状況に即した考察である。マキァヴェッリは同著で、君主が暴力や悪徳を行使せざるをえない例外状況に意識的に焦点を合わせているのである。

第三章では、マキァヴェッリがこうした政治状況を想定したうえで、いかなる助言を読者メディチ家に提供しているのかを見てみよう。新君主国とは、支配の正当性を欠いているため、臣民が統治者に積極的に抵抗する政治状況である。彼の見解では、新君主は、その状況で素朴に有徳な振る舞いを目指そうとすれば、破滅する。そのため彼は、悪徳をも躊躇なく行使できなければならないと指南している。ただし、彼は、メディチ家にもっぱら悪徳のみを勧めたわけではない。しかも、新君主国であっても、時間が経過して安定的な状況へと至った際には、君主が有徳に振る舞うべきだと考えられている。本章では、極端に理解されがちな彼の助言を丁寧に把握しておきたい。

第四章では、祖国フィレンツェの統治方法に関するマキァヴェッリの見解を明らかにしよう。彼の考えでは、たしかに新君主は、悪徳の行使が不可避的である。しかし、フィレンツェに限れば、君主が有徳に振る舞うことは、可能であるし、有徳に振る舞うべきである。暴力を伴わずにこの都市に復帰したメディチ家は、その政治状況に適合的な統治を行う必要がある。その方策とは、彼の見解では、共和政の伝統を活かすことであり、それは、メディチ家の権力維持のために有効な手段でもある。彼は、多くの解釈とは異なり、フィレンツェに君主国ないし絶対君主国を樹立させようとしたわけではない。メディチ家に対するマキァヴェッリのメッセージは、むしろ「真の共和国」を祖国にもたらすべく行動せよというものである。

第五章では、「真の共和国」に関するマキァヴェッリの思想を知るために、『君主論』と並ぶ傑作『ディスコルシ』に着目してみよう。すでに触れたように、彼はこの作品で、古代ローマの共和政期の統治を理想とし、それを同時代のフィレンツェ市民が模倣すべきであると力説している。彼はそこで、自由の維持のためにはローマのような民主政をフィレンツェに導入することが不可欠であると唱え、ローマ人の行動や制度を詳しく論じている。彼のそこでの知的な課題は、古代ローマがいかに自由を維持し、なぜ大帝国へと発展したのかを解明することにあった。『ディスコルシ』は、自由のための理論書である。

第六章では、『君主論』におけるイタリア論の意味を取り上げ、マキァヴェッリが近代のイタリア統一国家を先取りしていたという誤解を修正したい。いったい、彼の言う「イタリアの解放」とは、どのような意味であり、その解放のためにどのような手段が取られるべきだと考えているのか。さらにその主張は、彼の愛するフィレンツェ共和国の存続といかなる関係にあるか。第六章では、これらの問題の解明に取り組みたい。

目　次

目　次

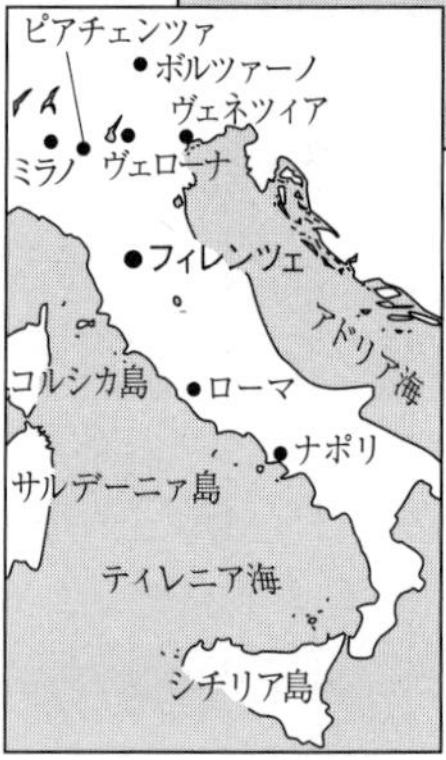

①ミランドラ
②カルピ
③フェラーラ
④レッジョ
⑤モデナ
⑥イーモラ
⑦ラヴェンナ
⑧ファエンツァ
⑨フォルリ
⑩チェゼーナ
⑪リミニ
⑫ピストイア
⑬プラート
⑭ムジェッロ
⑮カゼンティーノ
⑯ルッカ
⑰ピサ
⑱リヴォルノ
⑲サンタンドレア・イン・ペルクッシーナ
⑳ヴォルテッラ
㉑シエナ
㉒アレッツォ
㉓モンテプルチァーノ
㉔ピオンビーノ
㉕ペーザロ
㉖ウルビーノ
㉗セニガリア
㉘チッタ・ディ・カステッロ
㉙カメリーノ
㉚フェルモ

イタリア半島地図

第一章　書記官マキァヴェッリ

マキァヴェッリ
（サンティ・ディ・ティート作）

一　フィレンツェの政治的伝統

自由の伝統

マキァヴェッリは、友人フランチェスコ・ヴェットーリ宛の書簡で、「わが魂よりもわが祖国を愛する」と述べている。この祖国とは、彼の生まれたフィレンツェである。マキァヴェッリの思想を適切に理解するためには、この都市の政治理念を把握する必要がある。それは、簡単に言えば、自由の理念であり、この理念には長い伝統がある。

フィレンツェは、イタリア中部のトスカーナ地方に属し、おおよそ一二世紀には自治を獲得した。しかし、そこでは他のイタリア諸都市と同様に、神聖ローマ皇帝とローマ教皇の対立を反映し、皇帝を支持するギベリーニと教皇を支持するグエルフィという二つの党派が激しく争っていた。フィレンツェは、君主のいない共和政の都市であったが、その自由独立は、二つの上位権力のいずれかに依存していたのである。

フィレンツェは、周辺農村(コンタード)を次々と征服すると、そこから都市への人口流入が進んだ。他方でこの共和国は、一三世紀には急激な経済的発展を続け、次第に商業都市の色彩を強めていった。ギベリーニとグェルフィの対立も、都市貴族と民衆という二階級の対立の様相を呈するようになった。両派は、幾度も対立し、再編を伴いながら、一三世紀末にグェルフィが勝利を収めた。その結果、フィレンツェはこれ以降、対外的には親教皇や親フランスの路線を進み、国内では民衆寄りの自由な体制、つまり民主政を標榜し続けていくこととなる。

共和政ないし自由の伝統が途絶えるかに思われた事態は、一四世紀に三度生じた。例えば、フィレンツェ市民は政治的危機に対処するため、一三四二年にアテネ公ゴーティエ・ド・ブリエンヌを支配者として迎え入れた。しかし、マキァヴェッリが『フィレンツェ史』で描いているように、彼らは、翌年には「民衆と都市、自由の生活を！」と叫びながら、アテネ公を追放した。他の多くの都市国家が次々に君主政（シニョリーア制）へと変化したのとは異なり、フィレンツェは共和政を維持した。

フィレンツェは、詩人ダンテの追放に見られるように、国内で激しい党派対立を抱え続けたが、対外的にはアレッツォ、プラート、ピストイア、ヴォルテッラなどを獲得し、トスカーナ地方での支配権を徐々に拡大した。このように勢力を高めたフィレンツェは、かつては教皇の支配に服していたが、今やこの権力にすがる必要はなかった。フィレンツェは、国内に君主がいないという意味のみならず、外部勢力に依存しないという意味でもその自由を次第に獲得したのである。

この現実を反映して、教皇を世界の君主と考えるグェルフィ主義は、フィレンツェではほとんど姿を消した。この理念に決定的な打撃を与えた事件は、一三七五年から一三八三年までのフィレンツェと教皇の戦争である。この「八聖人戦争」の際、共和国の書記官コルッチョ・サルターティは、フィレンツェが教皇の専制に対して「トスカーナの自由」を守る国家だと主張した。フィレンツェ市民は、教皇に代わって自らがその地域の盟主であり、自由の守護者だと誇っている。

共和政的自由のイデオロギー

フィレンツェでは、一三世紀末以降、執政官(プリオーレ)と執政長官(「正義の旗手」)が執政府(シニョリーア)を構成し、これを「一二人の賢人会」と「一六人の旗区長会」が補佐した。「ポポロとコムーネの評議会」は、いずれも民衆的な評議会として法案を審議した。さらに、国庫の管理・治安・軍事などを担当するいくつかの行政委員会があった。執政官の任期は、わずか二カ月であり、ポポロとコムーネの評議会の任期ですら六カ月にすぎない。これは、政策の継続性を犠牲にするものの、権力の集中を防ぎ、多くの市民を政治に参加させる工夫でもあった。当時の市民がいかに自由を維持しようとしていたかが分かる。

フィレンツェ共和国は、特に一四世紀の中頃以降、対外的に勢力を拡大したが、このことは、同様に外部に拡大してきた君主国ミラノとの対立を招いた。ミラノ陣営は、君主ヴィスコンティがイタリアに平和をもたらすと主張したのに対し、フィレンツェの書記官は、彼が専制君主であると非難した。さらに、共和国政府は、周辺の諸共和国と同盟を締結すべく、フィレンツェがそれらの国家と同じ「自由な国家」であると主張した。この文脈では、共和国こそ自由な国家である。ミラノ側は、フィレンツェの統治が少数者の専制であると非難したが、書記官サルターティは、ミラノの君主が恣意的に政治を行うのとは異なり、自らの都市の政治的決定、民衆の審議を必要とするのだと主張した。彼の見解では、共和国は、官職者を短期間で交替させる制度を持っており、自由は、共和政で確保されるのである。

「シヴィック・ヒューマニズム」

後任の書記官レオナルド・ブルーニも、フィレンツェが自由な国家であり、民主政を保持していると誇っている。彼によれば、この共和国は、古代ローマの娘あるいはその継承者であり、都市の起源は、カエサル登場以前の共和政期ローマにある。そのため彼の見解では、フィレンツェは、自由であった頃のローマ、つまり共和政ローマが有していた対外的支配権を親から継承したのである。この議論は、フィレンツェの対外的支配権を正当化するものである。このように当時の問題を古代史と関連づけながら扱うところに人文主義的特徴を見出すことができる。

この頃、フィレンツェは、アレッツォやモンテプルチァーノなどの内陸の都市のみならず、ピサ、リヴォルノなどの港湾都市を制圧し、海上貿易のルートを押さえた。このことは、他国に対する優越性を市民に実感させたであろう。フィレンツェ市民は、古代ローマと当時のフィレンツェを重ね合わせ、この共和国がいずれローマのように世界を支配するだろうという期待すら表明された。

中世では、神聖ローマ帝国の皇帝がローマ教皇と並ぶもう一つの権威であったが、この普遍的帝政の理念も、ブルーニの頃のフィレンツェでは著しく衰退していた。かつてダンテは『帝政論』で、皇帝を頂点とする世界君主政が神の世界支配と類似しているがゆえに、普遍的な帝政を適切な統治のあり方だと論じていた。さらに、彼は『神曲』の中で、カエサルを称賛し、彼を殺害したブルートゥスを地獄の最下層に陥れていた。

しかし、この二人の古代人の地位は、ブルーニの議論では逆転している。すなわち、カエサルは専制君主であり、ブルートゥスは自由の擁護者だとされている。歴史的事象は、同時代の価値から評価されているのである。さらに、彼にとって、共和国の自由のために貢献した人物こそ称賛に値する人間であり、望ましい統治のあり方も、普遍的帝政ではなく、都市共和政であった。世界君主政の理念は、世俗化のみならず、皇帝勢力の衰退とともに希薄になっていたと言えよう。

都市共和政を賛美することは、市民の政治参加を認めることでもある。この理念は、神に祈り、妻帯せず、修道院で生活することを理想とする伝統的態度とは対照的である。中世の議論とは異なり、一五世紀の人文主義者にとって、政治生活に積極的に関与する「活動的生活」は、孤独な「観想的生活」よりも望ましいものであった。彼らは、伝統的な理念に意識的に対抗し、家族を持ちながら祖国の政治に参加した人物を正面から肯定するようになったのである。この世俗的かつ市民的な人文主義は、「シヴィック・ヒューマニズム」と呼ばれている。マキァヴェッリは、後に見るように、共和政を支持するこの知的伝統の後継者である。なお、フィレンツェ市民が自覚していたように、ここに古代ギリシアのポリス的な生活との類似性を見ることができよう。

メディチ家の時代

一四三四年、コジモ・デ・メディチが追放先からフィレンツェに復帰した。メディチ家はその後、この共和国を六〇年間支配することになる。コジモは、従前のアルビッツィ政権が暫定的措置として用いた恣意的な官職選出を可能な限り繰り返すことで、執政府をメディチ派で固めることに成功した。この選出は、非常大権委員会の設立でなされるが、この委員会は、内外の非常時で設立されるため、メディチ家が望めばいつでもその恣意的操作が可能だったわけではない。非常時が終わったと判断されたため、その選挙操作が不可能になると、コジモは、思うような政治を行えなかった。そこで彼は一四五八年には、シニョリーア広場で民衆に喝采を求める「市民集会（パルラメント）」という非常手段に訴えた。この試みは、危険な賭けでもあったが、かつての敵国ミラノの軍隊を活用することで成功を収めた。

コジモの死後、その後を継いだピエロは一四六六年、他の有力市民たちから抵抗に遭った。だが、メディチ派は今回も、ミラノの援軍でかろうじて政権を維持した。外国援軍への依存は、体制の脆弱さの表れでもある。ピエロの息子ロレンツォ（大ロレンツォ）は一四七八年に、教皇と組んだパッツィ家の陰謀に直面した。しかし、その陰謀は、ロレンツォを殺害することができず、広場での「民衆と自由を！」という馴染み深いスローガンも、市民からの支持を得られなかった。陰謀は、失敗に終わった。九歳の少年マキァヴェッリはおそらく、縛り首になり街中を引きずり回された陰謀家たちを目にしたであろう。

メディチ体制はこの後、共和国の最高機関となる七〇人評議会を一四八〇年に創設し、体制を強化した。たしかにこの評議会の創設は、ポポロとコムーネの評議会の権限削減を意味した。しかしメディチ家は、七〇人評議会を自由に操れたわけはない。コジモやロレンツォは、他の市民から傲慢と見られないよう言動に配慮し続けた。彼らにとって、フィレンツェでの適切な振る舞いとは、君主のように思われず、他の有力市民とうまく協調することであった。メディチ家の統治は、プリオーレ制という共和政の枠組みを破壊することはできなかったし、終身の元老院すら創設できなかった。マキァヴェッリは、市民的自由を理念とするこの環境で育ったのである。

当時のイタリアの大国は、ヴェネツィア、ミラノ、フィレンツェ、ローマ教皇領(教会国家)、ナポリの五つである。ロレンツォは、イタリア内部の諸国間で勢力均衡政策を採り、この政策は、比較的平和な状態をイタリアにもたらした。メディチ家はコジモ以降、親ミラノ政策に転じたため、フィレンツェは、かつてのように対外的に共和政を正当化する必要もなくなった。

フランスの侵攻とメディチ家の追放

ところが、ロレンツォの死後、ミラノが大国フランスを呼び寄せたため、イタリアの平和な状態は終焉を迎えた。すなわち、アルプスの彼方からフランス王シャルル八世が一四九四年、ナポリの領有権を主張し、大軍を従えてイタリアに侵攻したのである。メディチ家の当主ピエロは、シャルルのもとへ赴き、ピサやリヴォルノなどの重要拠点を放棄する協定を結んだ。しかし、この屈辱的な協定の締結が他の有力市民の怒りを買い、メディチ家は、フィレンツェから追放された。

その後、メディチ家を追放以前から批判していた修道士サヴォナローラが政治の表舞台に登場した。彼がフランスによるフィレンツェの略奪を阻止したことは、彼の名声を大いに高めていた。しかも彼は、北方の国王の到来を予言していたため、多くの市民は、彼を神の言葉を預かった本物の預言者だと信じた。彼は、人々が罪を改め正しい生活を送らなければ、神の罰が下るだろうと説教した。知識人を含めた多くの市民は、サヴォナローラの言動に魅了された。

メディチ体制を終わらせた有力市民は、かつての寡頭政へと回帰しようとしたが、一般市民の反対は激しかった。そのため、一部の有力市民が人気のあるサヴォナローラを担ぎ、より開放的な政体を目指すこととなった。

大評議会の創設とサヴォナローラ

大評議会の創設が決定された。七万程度の都市人口のうち有資格者が約三〇〇〇名にのぼるこの制度は、多くの市民からはフィレンツェの本来の姿である民主政への回帰だと考えられた。サヴォナローラは、この「開放的政体」の導入に大きな影響力を与えた。彼によれば、君主ないし専制君主の登場を阻止するために大評議会が不可欠であり、官職者選出の役割を担うこの制度は、官職を与える人物を個人や少数集団に特定させないための制度である。というのも、具体的な人物や少数集団が官職を与えていると判明すれば、市民は、その人物に服従してしまうからである。彼の考えでは、個人や少数者を特定できない抽象的な全体として大評議会が必要であり、これが自由な統治の基礎である。

たしかにサヴォナローラは、君主政が望ましいというトマス・アクィナス的伝統を継承している。それは、神が一人で世界を支配しているため、それに似た君主政が貴族政や民主政よりも望ましいという中世の基本的見解である。にもかかわらず、彼は、フィレンツェの社会的・慣習的な事情を考慮すれば、そこでは民主政が最適であると論じ、この都市の精神に適合した見解を打ち出している。

さらにサヴォナローラによれば、フィレンツェは、神に選ばれた都市であり、そこから世界の道徳的再生が始まる。彼やその支持者たちは、奢侈の禁止や貧困対策などの法律を制定したが、「虚栄の焼却」を含むこれらの措置は、政治的改革かつ宗教的・道徳的改革であり、人間本性を回復させる手段でもあった。人間の失われた本性の完全なる回復は、彼の考えでは、最終的には神の恩寵によって可能である。そこでは、支配と隷属の関係のない自由で平等な人間生活が見出されるだろう。その状態は、降臨したキリストを都市が君主として受け入れている状態に他ならない。このようにサヴォナローラは、君主支配のキリスト教的理念と都市共和政の伝統的理念を結合させている。

だが、腐敗した状況では、一度にすべてを改革することはできないし、十分な改革は、神の恩寵を待たねばならない。教会の刷新を説くサヴォナローラは、教皇アレクサンデル六世に対する批判を繰り返したため、このボルジア教皇から破門された。それでもフィレンツェ政府は、修道士を支持し続けた。彼の失脚の決定的要因は、サヴォナローラ派が執政府の少数派に転じたことにある。サヴォナローラは一四九八年五月、絞首刑にされてそのまま焼かれた。

彼の説教を聴いた二九歳のマキァヴェッリは、彼が状況に応じて嘘を脚色していると指摘している。マキァヴェッリは、政庁前で火あぶりにされる修道士を見ていたに違いない。彼は後の『君主論』で、武装せざる預言者は滅びると述べることになる。

フィレンツェ市民は、都市の将来を神の恩寵と結びつけたサヴォナローラの言葉を信じ、そうすることで世俗化された不安定な社会における不安から解放されることができた。ところが、その見通しが取り払われたとき、先の見えない不安が彼らを襲ったに違いない。サヴォナローラの失敗は、一部の熱狂的な信者の愚行として終わらせられる出来事ではなかった。

二　書記官の仕事とチェーザレ・ボルジア

若きマキァヴェッリ

ニッコロ・マキァヴェッリは一四六九年、フィレンツェに生まれた。父ベルナルドは、法律家であったが、けっして裕福ではなかった。後にニッコロは、「私は、貧しく生まれたため、楽しむことの前に苦労することを覚えた」と述べている。しかし、父は、学者肌の人間であり、彼の収入からすると高額な書籍を集めていた。母バルトロメアは、いくつかの宗教詩を残したと考えられている。ニッコロは、「黄金のロバ」、「運」、「野心」、「機会」など多くの詩や、『マンドラゴラ』や『クリツィア』などの喜劇をしたためている。

ニッコロの少年時代についてはほとんど分かっていない。彼には姉二人と弟一人がいた。父の『忘備録』からは、ニッコロ少年が七歳で読み書きを習い始め、ラテン語、文法、算数の教育を受けたことが分かるが、この教育は、当時としては標準的なものであろう。本好きの父親はある日、リウィウスの『ローマ史』を製本に出し、それを一七歳の息子ニッコロに取りに行かせた。ニッコロは、代金として「フィアスコ瓶三本の赤ワインと一本の酢」を製本業者に渡し、著作を持ち帰った。『君主論』と並ぶ政治思想の古典『ディスコルシ』は、この歴史書に基づいて執筆された。

ニッコロは、父と仲が良かった。フィレンツェにいる息子が暮らしに困っていると、父は、田舎から太ったガチョウを送ってやった。これに対し息子は、父はガチョウを食べないのに息子に買い与えているという心温まるソネットを送っている。ニッコロも父親と同様に、古典的な教養を身につけていたと考えられる。彼は、プラトン、アリストテレス、トゥキュディデス、ポリュビオス、タキトゥス、プルタルコスなどの古典を読んでいた。エピクロス派の古代人ルクレティウスの『物の本質』については、書き写していた。また、ダンテ、ペトラルカ、ボッカッチョなどの同郷出身者の著作にも親しんでいた。マキァヴェッリは、人文主義の開花した時代に成長したのである。

書記官就任とピサ攻撃

マキァヴェッリは一四九八年六月、二九歳でフィレンツェの第二書記局の長に任命された。なぜ大学も出ていない彼がこの地位に就いたのかは、よく分かっていない。より上級の第一書記局長には、マルチェッロ・ヴィルジリオ・アドリアーニが就任していたため、知り合いであった彼の斡旋を受けたのかもしれない。アドリアーニの前任者バルトロメオ・スカーラは自らの著作の中で、ニッコロの父ベルナルドを登場させている。父親は、政治的には活躍しなかったにせよ、知識人の間では名が知られていたのだろうか。

マキァヴェッリはその後、戦争一〇人委員会にも任命された。当時フィレンツェの直面していた大きな課題は、ピサの奪回であった。ヴェネツィアがピサの保護者であったが、戦争でその力を消耗すると、フィレンツェにとってピサ再獲得の好機がめぐってきた。一四九九年八月フィレンツェ軍がピサの市壁を大砲で攻撃すると、ピサは、降伏の交渉をフィレンツェに求めようとしていた。ところが、それを知らなかった傭兵隊長パオロ・ヴィテッリは、軍を撤退させてしまった。そのうえ彼は、政府の催促にもかかわらず、市壁の崩壊部分からの突入を躊躇した。彼は、マラリアで多くの兵士を失い、最終的には兵を撤収させざるをえなかった。フィレンツェ市民は、戦費を無駄にしたと政府を責めた。評判を高めたかった新しい執政府は、今や不人気の傭兵隊長ヴィテッリを捕らえ、拷問のうえ処刑した。斬首されるほどの罪が彼にあったかは分からない。マキァヴェッリは、この措置に役人として最初から関わっていた。この残酷な仕打ちは、市民の間では好評を博したが、ピサ問題が解決したわけではなかった。

フィレンツェは、資金難であったが、大金をフランスに払い、フランス軍とスイスの傭兵でピサを攻めることにした。陣営に派遣されたマキァヴェッリは、傭兵たちが無能な指揮官に率いられており、無規律になっている状況を目の当たりにした。兵士たちは、欲と悪意から食料を略奪し、ゆえに食料難に陥り、毎日のように騒動が起きていたのである。なかなか動こうとしない兵士たちをようやくピサの市壁の前に連れてきたが、兵士たちは、略奪の際に見せた獰猛さは見せなかった。彼らは、食料や賃金への不平を表明し、まずガスコーニュ傭兵が戦列を離れた。さらに、一五〇〇年七月、スイス人傭兵が雇い主フィレンツェの前線総監を人質に取った。その身代金が支払われると、彼らもまた、すぐに戦列を離れてしまった。フランスの支援で容易に実現できると思われたピサ獲得は、完全な失敗に終わり、マキァヴェッリは、傭兵や他国の軍隊に依存することがいかに無益かを痛感したことであろう。

フランスへの派遣

マキァヴェッリは、この事情を説明するためフランスに使節として送られた。フィレンツェ側は、ピサ戦の混乱がフランス側の責任であることを国王ルイ一二世に説明し、国王自身によるピサ制圧を求めたが、王と閣僚は、これを拒絶した。王はむしろ、配下の兵士がフィレンツェのために戦わなかったにもかかわらず、その兵士に対する金銭の支払いを要求した。フィレンツェの使節マキァヴェッリは、本国に大使と資金を求めたが、政府がいずれも出そうとしなかったため、このたんなる一官僚にはなす術がなかった。

その頃、ヴァレンティーノ公チェーザレ・ボルジアが父の教皇アレクサンデル六世の名において攻撃の準備を始めたという情報が入ってきた。しかも、ボルジアがメディチ家のフィレンツェ復帰を企図しているという噂もあった。フランス王は、教皇を味方にするためにその息子ボルジアを支援していた。教会軍総司令官ボルジアは、リミニとペーザロを瞬く間に降伏させた。すると、共和国政府は、フランスが唯一の庇護者であると改めて認識し、友好関係を築くために直ちに大使と大金を用意した。

フランスの宰相ルーアンの枢機卿ジョルジュ・ダンボワーズへの有名な反論がなされたのは、この頃であろう。枢機卿は、「イタリア人は、戦争が分かってない」と述べたのに対し、マキァヴェッリは、「フランス人は、政治が分かっていない、分かっていたら、教会をこんなに強大にしておかなかっただろう」と答えた。これは、チェーザレを庇護してきたフランスを牽制する言葉でもあろう。このようにマキァヴェッリは、全権を有する宰相にも堂々と渡り合ったが、国王には恨みも正論も向けないほうが良いとの助言を政府に与えている。彼は、一五〇一年一月にフィレンツェへ帰国した。六カ月の出張であった。

チェーザレ・ボルジアの快進撃

ボルジアは、フォルリとファエンツァの征服後、ボローニァに狙いをつけたが、フランス王の反対に遭ったため、次にピオンビーノを標的とした。彼は、領内の自由な通行をフィレンツェに要求するのみならず、共和国が自らと傭兵契約を交わすよう強いてきた。フィレンツェは、ボルジア一族の次の攻撃がカメリーノとウルビーノに向けられると予想すると、一五〇二年四月にフランス王との新しい協定を結んだ。これで余裕ができたフィレンツェは、ピサの制圧に着手したが、従属都市アレッツォが反乱を起こしたため、ピサ制圧を先延ばしせざるをえなかった。

すでに別の従属都市ピストイアがフィレンツェから独立していた。この反乱は、その都市の党派対立が激化したため生じたものであった。『君主論』によれば、従来、ピストイア支配のためには党派対立を利用すべきだと考えられてきたが、今や一つの党派が他国の勢力と結びつく時代であるため、その方策は通用しない。間近にいるボルジアは、ピストイアの一党派と結託し、そこからフィレンツェ支配を掘り崩すかもしれなかった。実際、アレッツォの反乱に手を貸していた人物は、かつてフィレンツェが処刑した傭兵隊長パオロ・ヴィテッリの弟ヴィテッロッツォであり、ボルジアと行動を共にしていた彼は、自らの軍を率いてアレッツォに入った。

ボルジアは、次にカメリーノを攻略するだろうと皆が予想しているうちに、驚くべき速さでウルビーノを制圧し、その直後カメリーノを征服した。フィレンツェ領の諸都市は、攻撃を受ける前から次々と彼に降伏した。ボルジアの要求に応じて派遣されたのは、ヴォルテッラの司教フランチェスコ・ソデリーニと書記官マキァヴェッリだった。ボルジアは、フィレンツェに政府を変えよという無理な要求をしてきた。二人は、この要求を丁寧に断ったが、彼が恐るべき人物だという印象を抱いた。彼らの目に映ったボルジアは、迅速に行動し、休みなく栄光と支配を求め、疲れを知らず、危険を物ともしない、兵士たちからの信頼の厚い人間であった。マキァヴェッリは『君主論』で、ボルジアを称賛し、読者にその行動を手本とするよう強く勧めることになる。

フランスが協定に従ってフィレンツェ支援のための軍を送ると、ボルジアは、無関心を装いながら要求を緩和し、傭兵契約の遵守のみを求めてきた。それに対してフィレンツェは、条件の引き下げを主張し、最終的には交渉打ち切りとなった。フランス軍がさらに接近すると、フィレンツェは、失っていた諸都市の回復に成功した。ただし、アレッツォは、この例外であった。マキァヴェッリは、その地に繰り返し赴き、事態の収拾にあたった。彼の主張によれば、従属都市の反乱に対しては古代ローマの先例に習うべきであり、恩恵を十分に施して信頼を得るか、あるいは、徹底的に処罰しなければならない。彼は、けっして中途半端な手段を採ってはいけないと警告している。

執政長官ソデリーニ

深刻な危機を差し当たり脱したフィレンツェでは、政治改革の必要性が訴えられた。大評議会という民主政的原理の存続には市民の大半の合意があったが、貴族派は、元老院的な評議会の創設を提案した。しかし、大評議会でそれを承認することは難しかった。妥協の結果、終身の執政長官職が創設された。一五〇二年一一月、ピエロ・ソデリーニがこの地位に就いた。

ソデリーニの就任は、彼が有能な人物だったというより、野心も子どもも持たない人物だという消極的な判断の結果だったと考えられる。彼は、大評議会の体制の擁護者であったため、サヴォナローラ派も、彼を支持していた。一部の有力市民たちは、貴族寄りの改革を彼に期待していた。だが、彼は、その政権の最後まで民衆を自らの支持基盤とし続けた。

有力市民の多くは、ヴェネツィアをモデルとする貴族政が望ましい政体だと考え、それに似た統治を目指していた。ヴェネツィアには卓越した政治制度があり、その制度が共和国に自由と静穏をもたらしていると考えられていた。これを現代の研究者たちは、「ヴェネツィア神話」と呼んでいる。フィレンツェの終身執政長官職も、ヴェネツィアのドージェを模倣した制度であった。

ソデリーニは、信頼できる右腕としてマキァヴェッリを重用した。マキァヴェッリは、すでに重要な仕事を任されており、書記官として有能であった。彼の報告書は、しばしば称賛の的となり、同僚からの信頼も厚かった。だが、それゆえに彼の活躍を快く思わない者も少なくなかった。特に反ソデリーニ派の有力市民は、マキァヴェッリをソデリーニの「手先」と呼んでいた。

ボルジアの衝撃

ボルジアの存在は、フィレンツェにとって大きな脅威であったが、彼と行動を共にしてきた傭兵隊長たちにとってはいっそう大きな脅威であった。ヴィテッリ家、オルシーニ家、バリオーニ家、オリヴェロット・ダ・フェルモ、パンドルフォ・ペトルッチは、いずれ自分たちの国家も奪われるのではないかと危惧し、彼に反旗を翻すことに決めた。彼らは、フィレンツェに協力を求めてきたが、共和国は、中立の立場で様子を見ることにした。一五〇二年一〇月、ボルジアのいるイーモラにマキァヴェッリが派遣された。

ボルジアは、フィレンツェが彼自身と協定を結ぶよう求めてきた。書記官マキァヴェッリは、フランス王の許可を得ているところだとごまかし、本国の指示通り、時間稼ぎに終始した。書記官の見るところ、ボルジアは、多くの都市を失おうとしているが、根気よく偽装を重ね、うわべを取りつくろい、時間を稼いでいた。彼は、離反した傭兵隊長たちの言葉に快く耳を貸し、和解を進めた。しかし他方で彼は、戦いの準備をしていた。マキァヴェッリは、ボルジアが何かを企んでいることには気がついていたが、それが何であるのかは分からなかった。

ボルジアは年末、軍をチェゼーナからセニガリアに発たせた際、部下ラミーロ・デ・ロルカの切断した遺体を広場に放置しておいた。ロルカは、ボルジアがロマーニァ地方(現マルケ州を含むイタリア北中部)の支配を任せていた人物である。マキァヴェッリは後年『君主論』で、ボルジアが臣民の憎悪をこの部下に押しつけ、自分は正義の君主だというメッセージを送ったと推測しているが、当時の彼には、ボルジアの意図がよく分からなかった。彼は、「ヴァレンティーノ公は、生かすも殺すも思いのままだということを見せつけております」と祖国に書き送っている。

さらにボルジアは、和解したオルシーニ家とヴィテッロッツォに命じ、セニガリアを攻めた。彼は、軍をセニガリアに移動させる途中、パオロ・オルシーニとヴィテッロッツォに迎えられ、親しく言葉を交わしていた。ところがボルジアは、自分の軍とともにセニガリアに入ると、反ボルジア派だった者たちを奥の部屋に招き、すべて捕えた。首謀者たちは、後に全員処刑されることとなる。ボルジアの企みは、これであった。マキァヴェッリは、この事件を興奮しながら一〇人委員会に報告している。

ボルジアの失脚

一五〇三年八月、教皇アレクサンデル六世は、マラリアで死んだ。さらにチェーザレも同じ病気で死にかけていた。ペルージア、チッタ・ディ・カステッロ、ウルビーノ、カメリーノ、セニガリアにかつての君主たちが復帰した。彼には、わずかな軍勢だけが残った。しかし彼は、教皇選出会議でのスペイン票という強いカードを握っていた。そのため、教皇の座を狙うルーアンの枢機卿ダンボワーズ、つまり、フランスが彼を庇護した。会議の結果、教皇ピウス三世が即位したが、この人物は、わずか二六日で死去した。マキァヴェッリは、次の教皇選出会議の状況を探るためにローマへと派遣された。

ボルジアは、新しい選出会議ではジュリアーノ・デッラ・ローヴェレを支持した。マキァヴエッリは、ボルジア家に積年の恨みを抱くこの人物をなぜボルジアが選んだのか理解に苦しんだ。彼の判断では、この新教皇ユリウス二世がボルジアへの約束をすべて実現させるということは、完全に不可能だった。実際、その約束は遵守されず、その後ボルジアは、瞬く間に影響力を失った。マキァヴェッリは、『君主論』でもこの一手だけは非難している。彼は、ボルジアと面会したが、もはや彼に魅了されなかった。「私は、父が死ねば何が起こるかを予め考えておいた。対策もすべて立てておいた。しかし、父が死にかけているときに、自分自身も死にかけているとは思わなかった」。ボルジアがこう述べたのは、この会見のときだろう。

三　市民軍の創設と大国の動向

市民軍の創設とピサの攻略

フィレンツェがまだボルジアの脅威に対処しているとき、共和国の軍事力を強化することが決定された。軍事力の強化は、ピサ獲得のためにも必要不可欠であったが、そのための増税案は、大評議会で否決されていた。マキァヴェッリは、おそらくは演説原稿である「資金調達に関する提言」を一五〇三年に執筆している。それによれば、共和国に武力がない以上、フィレンツェは、ヴェネツィアや教会国家と互角に戦えない。さらに彼は、フランス王の庇護を求める態度に対し、王自身がフィレンツェを征服するか、他国がその征服を促す危険性を警告している。マキァヴェッリはその中で、自由という政治的価値に訴えかけながら、共和国が軍事力を保持しなければならないと同胞市民に強く呼びかけている。

マキァヴェッリは、市民軍(民兵軍)を創設するべく執政長官ソデリーニにはたらきかけていた。市民自身が武装する軍事制度は、フィレンツェが傭兵に依存する前に採っていたものだが、廃止してすでに二世紀近く経っているため、空想的な試みだと考えられた。使節の際にマキァヴェッリと意気投合していたフランチェスコ・ソデリーニ、つまり執政長官の弟は、この奇抜なアイデアを称賛した。だが、有力市民たちは、その軍隊がピエロ・ソデリーニの専制の道具になるのではないかと危惧した。

当初は市民軍の創設には反対が多かった。しかし、一五〇五年にフィレンツェ軍がピサに敗北したことは、むしろこの企図を後押ししたであろう。マキァヴェッリは、精力的にムジェッロやカゼンティーノなどの周辺農村から歩兵を徴募した。彼は、ボルジアの部下ドン・ミケーレがかつてロマーニァで領民の徴兵と軍事訓練を行っているのを目にしていたため、残酷さで悪名高いかつての敵を軍事指揮官に抜擢した。その後もマキァヴェッリは、使節の合間に各地に休みなく足を運び、兵士を集め続けた。翌年に政庁前の広場で観兵式が開催され、多くのフィレンツェ市民に好評を博した。

一五〇八年、フィレンツェの市民軍は、包囲したピサに攻撃を続けた。マキァヴェッリは、前線で兵士たちとともに日々を過ごした。彼の考えでは、フィレンツェを信頼していない兵士たちにいかにその都市を信頼させるかが、市民軍成功の鍵であった。有力市民のアラマンノ・サルヴィアーティは、マキァヴェッリと対立していたが、彼は、「兵士たちが君を評価し、愛し、尊敬している。……毎日一緒にいるから、君に忠実になるだろう」と書記官に述べている。

一五〇九年、一五年におよんだ戦いは、フィレンツェ市民軍の勝利に終わった。この勝利にフィレンツェ市民は、大いに熱狂し、マキァヴェッリの友人たちは、彼の功績を心から称えた。彼が作り上げた軍隊が勝利を収めたのである。彼は、陰の立役者であったが、どれほど嬉しかっただろうか。

教皇ユリウス二世

とはいえ、この勝利の主要因は、フィレンツェ共和国がフランスやスペインに大金を払ったことにあり、軍事力の弱いこの共和国が大国の事情に左右されることに変わりなかった。「好戦的な教皇」ユリウス二世は、教皇領から不当な君主たちを一掃するため、フィレンツェ軍の一部を軍事作戦に参加させようとした。しかし、ソデリーニ政権は、今回もまた態度を明確にせず、時間を稼ぐことに決め、教皇のもとへマキァヴェッリを送った。

教皇ユリウス二世は一五〇六年九月、ペルージァに到着すると、軍隊を伴わず、わずかな護衛だけで入城した。彼は、マキァヴェッリが後年『君主論』で果断な性格を持つと評している教皇である。彼の見るところ、教皇にはわずかな護衛しかいなかったため、ペルージァの君主ジァンパオロ・バリオーニにとっては教皇を殺害する絶好の機会だったはずだが、この君主は、臆病ゆえにそれを逃してしまった。

『ディスコルシ』第一巻第二七章によれば、バリオーニは、平気で近親相姦や親族殺害に手を染めたにもかかわらず、教皇ユリウス二世を殺害できなかった。そのためマキァヴェッリは、その章のタイトルが示すように、「人間は、完全に邪悪であることも、完全に善良であることもほとんどできない」と論じている。従来の一部の研究は、マキァヴェッリが邪悪な人間観しか持てなかったと解釈しているが、そのように断言することは難しいだろう。

教皇は、次にボローニァを獲得するため、その君主ジョヴァンニ・ベンティヴォーリオを破門した。マキァヴェッリは、教皇がボローニァを征服すれば、より多くの事業をなすであろうと考え、イタリアが自らを守れる絶好の機会が到来したと論じている。教皇は一一月、君主が逃亡したボローニァに入城した。

皇帝マクシミリアン一世

教皇ユリウス二世の目論むイタリア支配に、もう一つの大国が割り込もうとしていた。皇帝マクシミリアン一世はイタリアに侵攻するだろうという情報がフィレンツェに届いたのである。そこで執政長官ソデリーニは、頼りのマキァヴェッリを今回も遣わそうとしていた。しかし、反対派から横槍が入り、一五〇七年六月に有力市民フランチェスコ・ヴェットーリが皇帝のもとに派遣された。フィレンツェの有力市民は、フランス王よりもむしろ皇帝と手を結ぼうとしていた。だが、ヴェットーリを信用していないソデリーニは、その後マキァヴェッリを派遣することに成功した。マキァヴェッリは一五〇八年一月、ヴェットーリのいるボルツァーノの宮廷に着いた。ヴェットーリは、マキァヴェッリの生涯の友人となる。

マキァヴェッリの任務の一つは、本当に皇帝がイタリアに侵攻するかどうかを探ることだった。フィレンツェ政府は、その企図が実現しそうであれば、一定の貢納金を支払うことにしていた。わが書記官は、皇帝からも一目置かれていたが、彼には皇帝の行動が分からなかったし、おそらく皇帝自身にも分からなかったのだろう。彼の報告によれば、皇帝がイタリアに来るとも来ないとも断言できない。だが、二つの選択肢のうちいずれかを明確に選ばねばならないと政府に書き送っている。しかし今回は、フィレンツェお馴染みの時間稼ぎが功を奏した。皇帝は、ヴェネツィアに完敗したため、イタリアへの侵攻は、当面はありえないと判断されたのである。

家族・友人・恋人

一五〇一年、三二歳のマキァヴェッリは、彼と同様に慎ましい財産しか持たなかったマリエッタ・コルシーニと結婚した。彼の両親は、すでに他界していたし、二人の姉も嫁いでいた。残った弟のトットは、聖職者になろうとしていた。

マリエッタは、夫の出張が予定よりはるかに長期化すると、夫も金もないと嘆き、夫に手紙を書かないと腹を立てた。だが、マリエッタは、ニッコロのことを愛していたようである。彼女は、女児の次に男児が生まれた際には、出張中のマキァヴェッリに「あなたに似ているので、とてもかわいらしい」と書き送っている。マキァヴェッリもまた、家族のことを心配し、良き同僚補佐ビアージョ・ブォナコルシから家族の様子を聞き出している。

ただし、マキァヴェッリは、つねに妻に気を取られているような男ではなかった。出張中には妻の代わりとなる女性がいたようである。フランスでは、おそらくジャンヌという女性がいて、孤独を慰めてくれた。さらに彼は、リッチァと呼ばれている娼婦ルクレツィアとは長年の付き合いだった。彼は後に失職すると、田舎の山荘に引きこもるが、そこから遠くはない場所に住んでいる女性と深い関係になった。その頃、友人ヴェットーリも恋に落ち、どうすべきか悩んでいたが、マキァヴェッリは、がむしゃらに突き進むことをこの友人に勧め、「(恋に落ちた)あなたをイギリス王よりも羨ましく思う。……行わないで後悔するよりも、行って後悔するほうが良い」と述べている。

この約一〇年後の一五二四年、五〇代半ばのマキァヴェッリは、若く美しい歌手のバルベラと出会い、今回も自分の欲求に逆らわなかった。彼が執筆した喜劇『クリツィア』の上演の際には彼女が歌を担当した。しかしニッコロは、すぐ翌年にはファエンツァでマリスコッタという女性に出会い、「至福の時」を過ごした。ところがその後も、バルベラへの愛情は冷めていない。親友フランチェスコ・グィッチァルディーニは、君はどんな女でも好きだから、と言ってマキァヴェッリをからかっている。彼が男性とも関係があったとも思わせる書簡もあるが、正確なところは分からない。

書記官時代のマキァヴェッリは友人宛の書簡で、ある女性と関係を持った話をしている。彼はヴェローナで、老婆に「シャツ」を買うよう勧められ、それに簡単に応じて家の薄暗い部屋である女を抱いた。わがニッコロは、暗がりで女性と二人きりになり、夫婦生活の欠如から完全に理性を失っていたのである。ところが、事が終わって灯りでそっと女を見てみると、吐き気をもよおす顔をしていた。女の頭は、白髪であり、その頂上は禿げていて、その禿げたところにシラミが数匹、散歩していた。目の片方は上方に、もう片方は下方についており、左右の目の大きさが違っていた。口は、一方の端が曲がっていて、歯がないためにそこからよだれが出ていた……。マキァヴェッリは、こうした描写を長々と続けている。女に代金を渡すや否や、その家から立ち去ったというが、この話は、恋人に会いたいと嘆く友人に向けた冗談であろう。

マキァヴェッリは、同僚に書簡を送り、大笑いを誘ったことも少なくなかった。同僚ブォナコルシは、「君のユーモアあふれる話は、われわれを実に元気で陽気で晴れやかにしてくれる」と書き送っている。彼はしばしば、誰かの質問にさらに一ひねりして返答した。フィレンツェでも抜群の冗談好きだったようである。

策略家マキァヴェッリ?

マキァヴェッリにはいたずら好きの側面がある。彼が失職して何年も経ち、ようやくメディチ家からごく簡単な仕事を受け、カルピのフランチェスコ修道院に向かった際のことである。モデナを統治していた友人グィッチァルディーニは、カルピにいるマキァヴェッリ宛の書状を槍騎兵に届けさせた。その槍騎兵が彼に深々と頭を下げ、至急の通信ですと言った際、マキァヴェッリは、周りの者たちが非常に驚いたことに気づいた。そこで彼は、その書状には皇帝、スイス兵、フランス王に関する重要な情報が含まれていると重々しい口調で語ってみた。すると、これには予想以上の効果があった。マキァヴェッリが書状を書き始めると、周りに人垣ができ、驚きと尊敬の目で彼を見たのである。彼らは、何年も職のないこの男を重要人物だと思ったのである。
マキァヴェッリは、皆を驚かせるため、明日もこの遊びを続けてほしいとグィッチァルディーニに頼んだ。彼よりはるかに地位の高いこの友人は、その計画に乗り、一緒に修道士たちを担ぐことにした。彼は、チューリッヒからの文書を加えて分厚くした書簡を別の槍騎兵に渡し、カルピに全力で行くよう命じた。事情を知らないその者は、息を切らし汗まみれで到着したうえ、マキァヴェッリに仰々しい挨拶をした。ニッコロは、同封された文書をちらつかせながら、皇帝やフランス王の行動についてそれらしく語った。この結果、彼の待遇が大いに改善され、彼は、十分な食事や心地よいベッドにありつくことができた。マキァヴェッリはその後、嘘が発覚しそうになったため、用事を済ませてカルピを発った。このように彼は、人をからかうことが大好きだったが、もちろん、これだけならペテン師や悪党の類とまでは言えないだろう。

マキァヴェッリは、たしかに信心深くはなかった。カルピに派遣された際、グィッチァルディーニは、ニッコロがそもそも「説教を聞いたことがない」世俗的な男であるのにフィレンツェで説教をする修道士を探すような任務が与えられたことに驚き、「あなたはこれまでまったく逆の生き方をしてきたのだから、信者になる誘惑にかられないように注意してください」と皮肉を述べている。しかし、マキァヴェッリは、これまで紹介してきたように、あるいは、今後も指摘するように、時には突拍子もないことを言う人物ではあるが、家族を大切にし、祖国のために尽くし、女性を愛し、友情を尊ぶユーモラスな男であった。

二大国の間で

一五〇九年、教皇ユリウス二世、フランス王ルイ一二世、皇帝マクシミリアン一世などが結んだカンブレー同盟は、ヴェネツィアを撃退した。その後、教皇とフランス王との戦争が予想された。両者が戦うとフィレンツェは、すべてを失う可能性がある。共和国は、商業上の理由などからフランスを支持したかったが、教皇領に囲まれているため、ユリウス二世に敵対することはできなかった。

マキァヴェッリは一五一〇年、フランス王と教皇の間に何らかの合意を取りつけ、戦争を回避するために、七月、フランス王の宮廷に派遣された。しかし、それは容易ではなかった。国王は、教皇がフランスを攻撃した場合のフィレンツェの具体的対応を尋ねた。フィレンツェは、自国領の境界付近にフィレンツェ軍を置くことで教皇を牽制できると答えた。

このことは、フランスを満足させたが、教皇ユリウス二世の怒りを強めた。教皇は、フェラーラを攻撃し、モデナを手中にしていた。教皇は一五一一年、さらにミランドラを制圧し、自らの勇敢さを発揮した。しかし彼は、教会の主要都市ボローニァを失い、フェラーラで敗戦した。

さらに教皇の敵たちは、反教皇の公会議を開催することにし、その開催地をフィレンツェの支配下に戻ったばかりのピサに決めた。しかし、教皇に配慮せざるをえないフィレンツェは、ピサ以外の都市で開催するようフランス国王に頼むことにした。そのためにマキァヴェッリが今回も派遣されたが、国王は、公会議の延期だけを認めた。マキァヴェッリは、ピサに向かい、公会議のために集まった枢機卿たちに場所を変えるよう説得した。彼は、トスカーナの民衆の騒乱が危険であると訴え、結局のところ、公会議はミラノに移された。この「精神的な」戦いの勝者は、教皇だった。

さらに教皇ユリウス二世は、ヴェネツィア人、スペイン王のフェルナンド二世、皇帝、スイス人、イングランド王ヘンリー八世と神聖同盟を結んだ。フィレンツェ市民は、この反フランス勢力の結集に恐怖を感じた。マキァヴェッリがピサから帰る頃、政庁の塔に雷が落ち、フランスの百合の紋章を三つ破壊した。これは、フィレンツェとフランス王にとって不吉な知らせだと思われた。マキァヴェッリは、大事件の前にはそれを知らせる前兆があると信じている。彼は、同僚の前で遺言書を書いた。執政長官ソデリーニも、同じことをした。

ソデリーニ政権の崩壊

フランスは一五一二年四月、ラヴェンナの戦いで勝利したにもかかわらず、有能な指揮官がストン・ド・フォワを失い、さらにその後も、神聖同盟の軍隊に敗北を喫した。フィレンツェは、孤立無援の状態となった。ナポリ総督ラモン・デ・カルドーナ率いるスペイン軍は、フィレンツェ共和国を攻撃するためトスカーナに入った。その軍にはフィレンツェ復帰を企むジョヴァンニ・デ・メディチ枢機卿がいた。

スペイン軍は八月、フィレンツェ近くの都市プラートを攻撃したが、三〇〇〇人の兵士を備えていたフィレンツェ軍は、いったんはこれを撃退した。同盟側はここで、フィレンツェに金銭的解決を求めたが、ソデリーニは、これをはねつけた。しかし、フィレンツェ側の兵士たちは、その後の攻撃には耐えられず、武器を捨てて逃げ出した。プラートでは略奪・虐殺・凌辱が繰り広げられ、四〇〇〇人以上が死んだ。

プラートでの略奪がフィレンツェに知らされると、市民はパニックに陥った。そこでパオロ・ヴェットーリを含むメディチ派の若者四人が政庁に入り、執政長官ソデリーニに退陣するよう迫った。ソデリーニは、マキァヴェッリを呼び、フランチェスコ・ヴェットーリのもとに行って自分の命を守るよう頼んでほしいと言った。すぐにヴェットーリが政庁に来て、執政長官をフィレンツェから逃亡させた。

マキァヴェッリは、この上司について後年にしたためた詩の中で、「ピエロ・ソデリーニが死んだ夜、彼の魂が地獄の口へ行くと、プルートンが叫んだ。「地獄だと、馬鹿な魂よ。子どもたちとともにリンボへ行け」」と酷評している。ソデリーニは、洗礼を受けていない子どもと同じであり、地獄に入る資格がないというのである。

四　メディチ家の復帰とマキァヴェッリの失職

メディチ家の復帰

九月一日、ジュリアーノは、市民を刺激しないよう儀式を何も行わず、一市民としてフィレンツェに帰国した。きわめて少数の若者たちを除けば、どの市民も、自由の基盤たる大評議会の存続が望ましいと考えていた。サルヴィアーティなど有力市民たちも、メディチ家の権力増大を危惧したため、この路線を進むことにした。ジュリアーノは、主要な市民たちと話し合い、大評議会を存続させたいという市民の意向を受け入れた。執政長官の任期は、終身から一年二カ月へと戻された。この職には、ジョヴァンバッティスタ・リドルフィが選出された。その理由は、彼だけが大評議会体制を擁護しつつ、改革を実行しうる人物だという評判にあった。

しかし、かつてソデリーニに陰謀を企てていた若者や外国へ逃亡していたメディチ派は、自らの地位の強化のために強力な措置をメディチ家に要請した。この急進的な少数派は、サルヴィアーティら穏健な有力市民の政治的成功のゆえに危機感を抱いていたのである。その後の数日間、急進派と穏健派の双方によるジョヴァンニ枢機卿への説得が続いた。穏健派は、支持基盤の拡大こそがメディチ家の立場を強化する方法であり、大評議会を廃止すれば、都市が危機に見舞われると説いた。他方、急進的な少数派は、兵士が容易に政権転覆を可能にし、新しい政権が政治に無関心な大多数の市民から支持を獲得しうると力説した。最終的には、枢機卿を取り巻いていた人数で勝った少数派が、説得に成功した。

九月一六日に市民集会が開催された。ジュリアーノとその支持者たちは、六〇〇〇人のスペイン兵が支持しているという噂を流し、武装兵とともに政庁を占拠した。メディチ家にとって危険な賭けではあったが、周到な計画と圧倒的な武力の前に集会での抵抗は、試みられなかった。メディチ派は他方で、粛清や私的な復讐を自制する態度を鮮明にした。マキァヴェッリの市民軍は、解体された。大評議会も廃止された。執政長官リドルフィは、辞職した。

マキァヴェッリの失職と投獄

一一月七日、マキァヴェッリは、一五年間にわたり務めた書記官の職を解雇された。良き理解者であった同僚補佐ヴォナコルシも、その地位を失った。さらにマキァヴェッリには、フィレンツェ領内に一年間留まり、保釈金一〇〇〇フィオリーニを支払わねばならないことが通告された。

マキァヴェッリの不運は、年が明けても続いた。一五一三年二月、ピエトロ・パオロ・ボスコリとアゴスティーノ・カッポーニらの反メディチ陰謀が発覚した。反メディチ派の二〇人の名前が書かれている紙片が発見され、そこにマキァヴェッリの名前があった。彼は、実際には関与していなかったようだが、投獄された。彼は獄中で、両手を後ろに縛られ、釣り上げられた後、地面に落とされるという拷問を受けた。後に彼は、思っていたよりも自分が勇敢だったと振り返っている。右の首謀者二人は、首を落とされた。

マキァヴェッリは、獄中からジュリアーノ・デ・メディチに二つのソネットを送り、ジュリアーノに救いを求めた。二月に教皇ユリウス二世が死去し、三月にジョヴァンニ・デ・メディチ枢機卿が教皇に選出され、レオ一〇世を名乗った。フィレンツェ出身の教皇の誕生に市民が狂喜する中、ニッコロも恩赦により釈放された。

田舎での生活

マキァヴェッリは、フィレンツェの街から離れたサンタンドレア・イン・ペルクッシーナにいくらかの土地、ブドウ畑、森を所有していた。彼は、この田舎の山荘で慎ましく暮らし始めた。彼は、大使としてローマにいるヴェットーリに幾度か書簡を送り、教皇かその一族のもとで仕事ができるよう頼んだ。ヴェットーリから良い返事が得られなかったため、彼は、それをいったんは諦めた。

ニッコロは、自分が絹織物や羊毛織物や経済について論じることはできず、政治についてしか論じることができないため、政治が論じられないならば、沈黙しかないと語り、沈黙しようとした。彼は、つらい苦しい日々を過ごした。自分がすべてを失ったと思った。

しかし、四月にフランス王とスペイン王との間で休戦協定が結ばれると、ヴェットーリは、この協定の意図についてマキァヴェッリに書簡で尋ねてみた。元書記官は、これに嬉々として答えた。彼は、政治について論じる誘惑に勝てなかったのである。

自分が政治について語らざるをえない人間だと痛感したマキァヴェッリは、ヴェットーリからしばらく返事がなかったため、もう一度当時の国際政治情勢を論じた書簡を六月に送った。八月にわずかなやり取りがあったが、その後は長い間返事がなかった。しびれを切らしていたマキァヴェッリのところに、ヴェットーリから一一月二三日付の書簡が届いた。彼の一日の過ごし方を紹介したこの書簡に対する返答こそ、『君主論』の執筆に言及した有名な書簡である。

『君主論』執筆

マキァヴェッリは、一五一三年一二月一〇日付のその書簡で、田舎での生活の様子を伝えている。彼によれば、日の出とともに起床し、所有している森の一つに向かう。そこでは木を切らせているので、二時間ほどかけて前日の仕事を確かめ、木こりたちの相手をする。その後、森を出ると泉へ行き、鳥のわなを仕掛けているお気に入りの場所に向かう。ダンテやペトラルカ、あるいはティブルスやオウィディウスなどの作品のうち一冊を持っていき、彼らが恋に身を焦がしたさまを読む。そうして自分自身の恋を思い出し、しばらく甘美な物思いにふける。

その後マキァヴェッリは、居酒屋に行き、旅人たちにいろんな国の様子を尋ね、様々なことを知る。昼食の時間になると、きわめて乏しい財産が許す限りの食事を家族と一緒にとる。彼は食後、居酒屋に戻ると、その主人、肉屋、粉屋、窯焼きと日が暮れるまでカードやすごろくなどの遊びに耽る。その最中は、絶えず口論が生じ、罵詈雑言が飛びかい、喧嘩が繰り広げられる。わずかな金のために皆が遠くまで届くような大声でわめく。マキァヴェッリによれば、こうして脳みそに生えたカビを取り去り、運命の悪意を吹き飛ばそうとしているのである。

夜になると、家に帰って書斎に入る。入り口で泥や汚れにまみれた普段着を脱ぎ、立派な礼服をまとう。身なりを整えると、古代の人々が集う古い宮廷に入る。この元書記官は、彼らに温かく迎えられ、彼だけに用意された食事をとる。ニッコロは、臆することなく彼らと語り合い、彼らの行動の理由を尋ねる。すると彼らは、親切に答えてくれる。彼は、こうして四時間もの間、退屈を感じず、あらゆる苦悩を忘れ、貧乏や死に対する恐怖も消え、自分の世界に浸りきる。ダンテは、学んだことも覚えなければ知識とはならないと言っているので、マキァヴエッリも、彼らとの会話で得たものを書き留め、『君主論（*De principatibus*）』と題する小論にまとめたとヴェットーリに伝えている。

私はその中で、この主題に関する考えをできる限り深く掘り下げ、君主国とは何か、君主国にはどのような種類があるか、いかにそれらが獲得され、いかに維持され、なぜ失われるかを論じました。私のこれまでの戯れのいずれもあなたのお気に召さなかったにせよ、これは、お気に召すはずです。これは、君主、特に新君主には必ず歓迎されるでしょう。それゆえ私は、これをジュリアーノ殿に捧げるつもりです。

マキァヴェッリは、政治職の獲得のためにメディチ家に自らを売り込もうと考えてきた。そこで思いついたのがメディチ家の役に立つ著作を執筆することであった。『君主論』は、いわば就職論文である。

第二章 新君主の助言者

チェーザレ・ボルジア
(バルトロメオ・ヴェネト作)

一　助言の内容

『君主論』の構成

『君主論（*Il Principe*）』という名前は、マキァヴェッリの死後、編者によって付けられたものである。『君主論』が最初に出版されたのは、一五三二年であるが、出版前にすでに写本の形で読まれていた。現在われわれが目にする『君主論』は、いくつかの写本に基づいており、マキァヴェッリ自身による手稿は、発見されていない。諸版の間にいくつかの異文があるが、さほど重大な性質のものではない。各章のタイトルは、ラテン語で執筆されているが、その他はイタリア語である。

マキァヴェッリは、もともとジュリアーノ・デ・メディチに『君主論』を献呈しようとしていたが、後述するように、その後ロレンツォ・デ・メディチに献呈相手を変えることになる。写本のほとんどにはロレンツォ宛の献辞がある。

ここからは、本書の読者にも『君主論』を手元に置いていただきたい。目次を眺めると、献辞と二六の章があることが分かる。二六の章は、三つの部分に大別できる。第一は、国家分類論（第一―一一章）、第二は、君主への助言（第一二―二三章）、第三は、イタリア論（第二四―二六章）である。これら三つのうちで第二の部分は、君主がいかに行動すべきかという問題の考察に充てられている。

この範囲は、さらに二つの種類の議論からなっている。一つは、軍事論であり、『君主論』第一二章から第一四章までで展開されている。もう一つは、君主の振る舞い方に関する議論であり、第一五章から第二三章までで考察されている。この議論のうち、以後ではまず、第一五章から第一八章までで提言されている有名な助言の部分を見てみよう。

伝統的な「君主の鑑」論

君主や支配者は、いかに振る舞うべきであるか。この問題は、ヨーロッパで古代から論じられてきたテーマである。それは、君主のあるべき姿を鑑として示すという意味で「君主の鑑」論と呼ばれており、マキァヴェッリの考察も、このジャンルに沿っていることになる。彼は、次に見るように、この伝統的ジャンルを強く意識しつつ、しかも、そこで提示された主張を覆していることが分かる。この観点から本節では、伝統的な「君主の鑑」論と比較しながら、マキァヴェッリの議論を紹介しておこう。

まず、君主の振る舞い方に関する伝統的な主張を押さえておこう。簡単に述べるならば、多くの論者たちの主張によれば、君主は、けちであるよりも気前良くなければならない、恐れられるよりも愛されねばならない、残酷であるよりも慈悲深くなければならない、信義に反してはならない。要するに、彼らによれば、君主は、徳を具えていなければならない。彼らの議論は、原則として君主に善行を勧めるものであると言える。

古代のキケロは、この伝統のうちで最も有名な人物の一人であろう。彼は『義務論』で、気前良さを称賛し、けちだという評判を避けねばならないと訴えている。また、彼の主張によれば、君主は、恐れられるよりも愛されることを目標とすべきである。さらに、キケロによれば、君主がライオンとキツネのような野獣的性質を具えることとは、人間性に反することである。特に非難に値するのは、キツネの欺瞞、すなわち、実際には道徳的ではないにもかかわらず、道徳的であるかのように見せる偽善的行為である。

中世の「君主の鑑」論も同様に、君主が有徳であることを勧めている。特に著名な作品は、トマス・アクィナスの『君主の統治について』であろう。彼によれば、君主は、臣民に愛情を示すことで彼らから愛されるようになる。逆に、恐怖に基づく専制支配は、民衆からの忠誠を失うため、長続きしない。権力の安定は、臣民の愛情に基づいているのである。この主張は、アリストテレスの『政治学』の主張を踏襲したものと考えてよい。また、中世のアエギディウス・ロマーヌスは、トマスから大きな影響を受けており、彼もまた、君主が恐れられるよりも愛されねばならないと主張している。

ルネサンス時代にはペトラルカが「君主の鑑」論を展開している。当時、キケロの著作が広く読まれたが、その普及に大きく貢献した人物こそ、この「人文主義の祖」ペトラルカである。彼によれば、君主は、恐れられるよりも愛されねばならない。また、君主は、正義を貫くべきであり、慈悲深さを示さねばならない。さらに彼の見解では、君主は、気前良さを具えるべきである。このようにペトラルカにとって、徳に基づいた統治こそ権力安泰の秘策である。

その後もイタリアでは、例えば、ジョヴァンニ・ポンターノ、バルトロメオ・サッキ(プラティーナ)、ジュニアーノ・マイオなどがそれぞれの君主に「君主の鑑」を提供してきた。彼らの議論は、キケロやペトラルカから直接的に影響を受けていると考えられる。彼らルネサンス期の知識人たちの議論によれば、君主が具えるべきは、気前良さや慈悲深さの徳である。また徳を具えているという評判は、君主の権力維持にとって重要である。また、君主は、臣民から愛されねばならない。君主が約束を守ることは、正義の基礎であるため、約束を守るべきである。このように彼らは、君主が正しくあれと強調している。

マキァヴェッリの挑戦

マキァヴェッリは『君主論』第一五章で、いかに君主が臣民や味方を扱うかという問題を扱っている。右で挙げた思想家の作品を彼がどれほど具体的に知っていたかについては不明である。しかし彼は、君主の振る舞い方に関する多くの議論の積み重ねがあったことを認識しており、そのうえで自らの主張が伝統的な主張と大いに異なっていると論じている。

私は、多くの人々がこの問題について論じてきたことを知っている。私は、それを論じるうえで私の議論が他の人々の議論と大いに異なっているために僭越だと思われはしないかと危惧している。しかし、私の意図は、読者に有益なものを書くことであるから、事柄についての想像よりも、具体的な事実(verità effettuale)を追究することのほうが適切であろう。多くの人は、これまで見たこともなく、実際の存在を知らないような共和国や君主国を想像してきた。しかし、いかに生きているのかということと、いかに生きるべきであるかということとは、大いにかけ離れている。それゆえ、いかに行うべきかのために、いかに行うかを見過ごす者は、自分の身を守ることができず、むしろ破滅を思い知るだろう。

このようにマキァヴェッリは、自らの議論の独自性を強く打ち出している。彼からすれば、従来の多くの政論家たちは、実在しないような想像上の国家を論じてきたのであり、理想を追うあまり、実際の姿を見落としている。君主は、もしその議論に従うならば、破滅することになろう。

続けてマキァヴェッリは第一五章で、第一六章以降の数章で展開されることになる議論を簡単に予告している。彼によれば、人間、特に君主は、多くの人々からしばしば称賛や非難を受ける。その評価とは、例えば、気前良さとけち、残酷さと憐れみ深さ、人間味と傲慢、信頼性と不実さなどに基づいている。マキァヴェッリの主張では、これら対照的な資質のうち君主は、たしかに良いものをすべて具えるべきである。しかし、それは不可能であるため、君主は一般的には非難されるような資質も持たねばならない。

非難に値するその資質とは、「悪徳（vizio）」と換言されている。マキァヴェッリの見解では、たしかに君主は、悪徳の汚名が権力を喪失させるようであれば、それを避けなければならない。君主は、いわば世論の動向を気にかけねばならないのである。しかし、君主は、悪徳を行使しなければその地位を失うような場合なら、悪徳の評判や非難を甘んじて受けるべきである。「君主に留まりたいと思うならば、良くない人間となりうることを学び、また、必要に応じてこの態度を行使したり行使しなかったりできなければならない」。

第一六章から第一八章までの部分で提示される悪名高い助言を追ってみよう。マキァヴェッリは、右で示したようないくつかの対照的な資質を具体的に取り上げ、そのいずれの資質を持つべきかを改めて論じている。それを要約するならば、次の四つの結論になる。

第一に、君主は、気前が良いよりもけちでなければならない(第一六章)。マキァヴェッリによれば、気前が良いという評判は、たしかに有益であるが、君主がそれに固執するならば、気前良さは、有害である。気前が良ければ、自分の財産を浪費することになり、さらにはそれを補うために臣民に重税を課さざるをえない。それゆえ、気前良さよりもむしろ、吝嗇、つまりけちという性質こそ、君主が統治するうえで必要である。彼の挙げる実例は、教皇ユリウス二世やスペインの「カトリック王」フェルナンド二世であり、彼らは、けちであることやその評判に頓着しなかった。それゆえに彼らは、戦争を遂行し、勝利しえたというのである。

第二に、君主は、憐れみ深いよりも残酷でなければならない(第一七章)。マキァヴェッリの挙げる事例によれば、フィレンツェ共和国は、残酷であるという評判を恐れて、結局のところ、ピストイアを無秩序にしてしまった。他方、チェーザレ・ボルジアは、残酷であったがゆえにロマーニア地方に秩序と平和をもたらした。マキァヴェッリの考えでは、残酷さは、結果的に憐れみ深さをもたらすのである。

第三に、君主は、愛されるよりも恐れられねばならない(第一七章)。マキァヴェッリによれば、人間は一般的に、恩知らず、移り気、猫かぶり、貪欲である。そのため彼らは、君主が恩恵を施している間は、自らのすべてを捧げようと言い寄ってくるが、君主が窮地に立つならば、敵に寝返ってしまう。したがって君主は、彼らの言葉を安易に信用してはならない。君主は、彼らから愛着を期待しえないとすれば、臣民を君主から離れさせないためには、むしろ処罰の恐怖こそ有益である。

第四に、君主は、信義、つまり約束を破ってもかまわない(第一八章)。マキァヴェッリによれば、君主は、ライオンとキツネという野獣の性質を具えねばならず、ライオンのように力を持つとともに、キツネのように策略を用いなければならないのである。また、マキァヴェッリによれば、君主は、良い資質を持っている必要はないが、それらを持っているように見せかけることが肝要である。この教えは、キケロの教えとは対照的に、偽善の勧めであると言いうる。

助言の妥当性?

このようにマキァヴェッリは、伝統的ジャンルの議論形式を採りつつ、従来の思想家たちの主張とは反対の主張を打ち出している。彼がこの手法を採った理由の一つは、読者の気を引くためのいわば営業戦略に求めることができよう。現代のわれわれも、書店に行けば、魅力的なタイトルや装丁の本を目の当たりにする。作家や出版社は、数多くの著作の中から特定の作品を購入してもらうために、世間が驚くようなタイトルやキャッチコピーを工夫せざるをえない。メディチ家に自らを売り込もうとするマキァヴェッリにもまた、自らの議論を際立たせたいという意図があったと考えられる。彼は、皮肉交じりに従来の主張を覆しているのである。

しかしマキァヴェッリは、独自性をアピールするためだけにそうした助言を提供しているのであろうか。たしかに彼の手法には文学的遊戯の側面があろうが、しかし彼は、すでに見たように、自らの議論の実用性を訴えている。だとすれば、彼は、たんに奇をてらうためだけに伝統的な命題を転覆させているわけではないだろう。

現実に役に立つ議論を示すという観点からマキァヴェッリは、ある認識をメディチ家の若者に与えようとしていた。それは、政治的現実の厳しさであろう。ジュリアーノには統治経験がないし、ロレンツォもまだ二〇歳を過ぎたばかりである。政治は甘くはないということを若い読者にしっかりと伝えようとしたと推測できるだろう。マキァヴェッリは、あるべき姿よりも実際のあり方に即した考察を意識的に示しているという意味ではたしかに現実主義者である。

しかし、マキァヴェッリの助言は、本当に正しいと言えるのだろうか。彼の主張は、伝統的な「君主の鑑」論が非現実的であり、政策的に妥当ではないという印象を読者に強く与えている。だが、伝統的な助言は、現実に適しない理想主義であると単純に言えるのだろうか。従来の論者たちが指摘するように、例えば、臣民は、けちな君主よりも気前良い君主に従うのではないか。また、君主は、残酷だと評価されるならば、その地位を維持しがたいという点では伝統的な議論に分があるのではないか。従来の論者たちが言うように、恐れられているよりも愛されているほうがうまく統治できるのではないか。君主は、信義を守らなければ、臣民からの忠誠心を獲得できないのではないか。

マキァヴェッリは、しばしば政治思想史上の権威とされているが、彼の具体的な政治的判断が正しいか否かは、彼の理論的な偉大さとは別の問題である。彼は失職後、仲の良い友人たちに身近な問題について助言していたが、それらが的外ればかりだと嘆いていた。たしかにマキァヴェッリは、伝統的な論者が勧める有徳な行動では現実政治に対応できないと読者に指摘してみせたが、彼の政策提言が妥当であるかどうかは改めて問う必要があろう。読者によっては、従来の主張こそ正しいか、あるいは、その主張にも一理はあるように見えるだろう。少なくとも状況次第では、善行の勧めのほうが現実的であり、有益であるとも思えるのではなかろうか。だとすれば、従来の主張こそがむしろ現実的な助言であろう。

実のところ、以後に見るようにマキァヴェッリは、一般的な状況を想定した場合には、有徳な行為が権力の維持にとって合理的であると認識しており、その点で伝統的な見解と同様の見解を抱いている。マキァヴェッリが悪徳を勧めているのは、読者である君主がきわめて特殊な状況に直面すると見ているからであり、彼の悪名高い助言は、彼のそうした状況認識を把握しなければ、適切に判断されえないだろう。そこで以後では、彼が『君主論』で例外的な政治状況を想定していることを明らかにしよう。

二　『君主論』の主題——「新君主国」という例外状況

国家の分類

マキァヴェッリは『君主論』の献辞で、自らの作品に「素材の特異性」があると誇示している。では、彼はその作品で、どのような素材を扱っているのだろうか。言い換えれば、彼は、どのような政治状況を対象としているのだろうか。著作の前半部分は、悪名高い助言の部分と比較すると、さほど注目されることがないが、『君主論』の主題を把握するためには最初の約三分の一にあたる部分を丁寧に見ておかねばならない。以後で示すように、彼がその作品で光を当てている対象は、「新君主国」である。

マキァヴェッリはまず第一章で、第二章以降に展開される議論の見取り図を示している。それによれば、すべての国家は、君主国か共和国のいずれかである。君主国はさらに、「世襲君主国」と「新君主国」に二分できる。世襲君主国とは、統治者の家系が血統に基づいて長い間支配してきた国家である。他方、新君主国には、君主が世襲の国家を持ち、新しく獲得した国家をそこに付け加えた場合と、君主が世襲の国家を持たずに国家を完全に新しく獲得した場合がある。前者は、一人の君主の下での生活に慣れている場合か、あるいは、自由な生活に慣れ

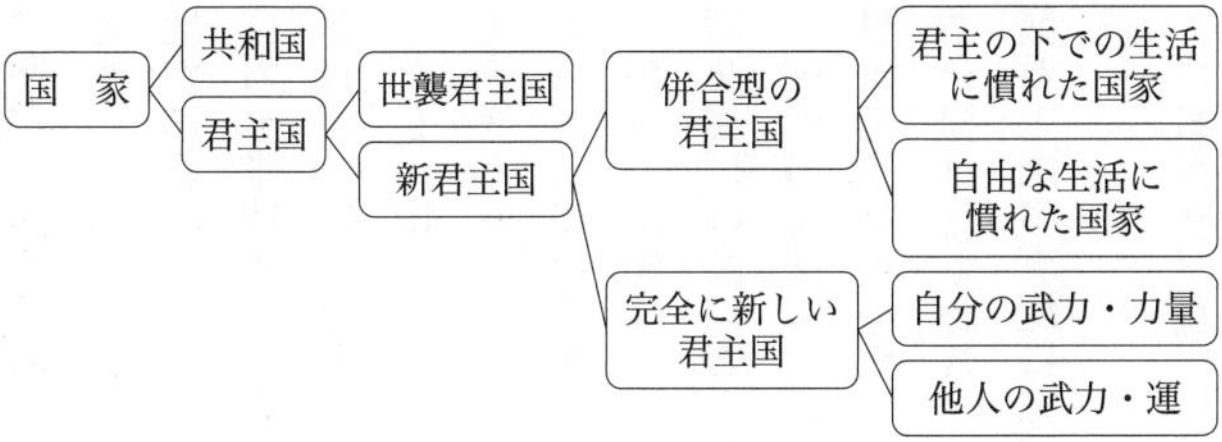

図　1

ている場合である。マキァヴェッリは、おそらくは後者に限定しながら、権力の獲得方法を、君主が自らの軍隊に基づいた場合と、他者の軍隊に依拠した場合に分類している(図1参照)。

『君主論』第二章以降の議論は、実際にこの見取り図に従いながら展開されている。そこには二つの分類基準がある。一つは、国家の性質に基づく分類であり、これに関する考察は、第二章から第五章の範囲で提示されている。もう一つは、権力の獲得方法に基づく分類であり、これに関する考察は、第六章以降の範囲で展開されている。

まず前者の分類を追ってみよう。第二章の冒頭でマキァヴェッリは、共和国については別のところで長々と論じたので、本書では君主国に限定すると述べている。共和国に関する議論は、『ディスコルシ』であろう。こうして『君主論』では、君主国の統治のみが考察されていることになる。

第二章では、世襲君主国が考察の対象となっているが、この章は、見取り図を示した第一章と同様にきわめて短い。その説明によれば、世襲君主国を統治することは、新君主国と比べると容易である。この統治は、一つの家系によるものであり、権力の継承は、血統という原理に基づいている。そのため、君主が新しくその地位に就いたとしても、その国家は、安定している。マキァヴェッリの見解によれば、ここで権力を維持するためには古くからの慣習を保持すればよい。世襲の君主は、人並みの能力さえあれば、権力を十分に維持できるというのである。

たしかに、マキァヴェッリによれば、強力な外国勢力が出現すれば、世襲君主は、自らの権力を奪われるかもしれないが、とはいえ、その簒奪者に災難が生じれば、かつての君主は、権力を容易に取り戻せるだろう。世襲君主国では、同じ家系が長い間そこを統治してきたのであるから、臣民は、その家系に属する君主に忠実であろう。もし不測の事態が生じたとしても、時を稼げば良いとされている。

現代の用法で言えば、ここには支配の正当性があり、そのため臣民は、世襲君主に自発的に服従するであろう。二〇世紀初頭にマックス・ヴェーバーは、支配の正当性に関する三つの類型を提示している。それらは、「伝統的支配」・「カリスマ的支配」・「合法的支配」であり、世襲君主国の支配には、少なくとも伝統に基づく正当性があるということになろう。

新君主国の特徴

しかし第三章の冒頭によれば、新君主国の支配には、世襲君主国とは異なり、大きな困難が伴う。マキァヴェッリは、その理由を二つ挙げている。

変革は、まず、新君主国すべてに共通する当然の困難から生じる。すなわち、そこでは人々は、状況が改善されると信じて、進んで君主を変えようとし、この信念ゆえに君主に対して武器を手に取るのである。……変革がもたらされるもう一つの明白でもっともな必然性は、新君主になる人物が新しく征服する際、兵士やその他の無数の加害行為のため、つねに住民を傷つけざるをえないことである。

この一節から明らかなように、新君主国とは、臣民が自発的に支配者に服従する状況ではない。臣民は、むしろ積極的に新君主に抵抗するだろう。その理由の一つは、新君主が征服時に臣民に危害を加えているところにある。要するに、新君主国とは、旧来の君主権力を武力で簒奪した状況である。

さらに言えば、新君主は、君主としての正当な資格や権利を持たない。新君主は、たんに暴力で権力を不当に奪った人物にすぎず、少なくとも征服した時点では時効が生じていないため、その支配には慣習に基づく正当性がない。マキァヴェッリは、第三章以降で議論を新君主国に限定しながら進めることになる。

右で見てきたように、マキァヴェッリは、様々な国家をたんに教科書的に羅列しているわけではなく、きわめて支配が困難な状況、つまり新君主国へと考察の対象を絞り込んでいるのである。デ・ファクトに支配者となった新君主は、支配の正当性がないため、新しい臣民の自発的な服従を見込めず、彼らによる武装抵抗に直面する。だとすれば、そこで描かれている人間が邪悪である理由は、マキァヴェッリが悲観的な人間観を抱いていたからではないだろう。そもそもそうした人間を想定せざるをえない特異な政治状況にマキァヴェッリが意識的に目を向けたからである。

君主国の併合

マキァヴェッリは、新君主国という例外的な支配に議論の対象を限定しているとはいえ、君主がその状況で一様に対処して良いと考えているわけではない。彼は、新君主国を第三章以降でさらに分類し、いくつかの具体的状況を提示している。第五章までの範囲ではまず、君主が世襲君主国を持ち、新しく国家や領土をそこに付け加える場合が考察の対象となる(図2A参照)。

本国に別の国家を併合する場合、征服者は、新しい領土やその臣民にとっては新君主となる。

この状況で新君主がまず認識すべきは、新領土が本国と同じ慣習・言語・地域であるのか否かという点である。それらが同じである場合には、支配は比較的容易である。ただし、マキァヴェッリによれば、この状況で肝要なのは、旧来の支配者の血統を断つことである。正当な君主の血統を抹消しなければ、新君主に逆らう口実を臣民に与えてしまうだろう。しかし、彼によれば、その地方の従来の法律や税制などはそのまま維持すべきであり、できる限り慣習を活かさねばならない。

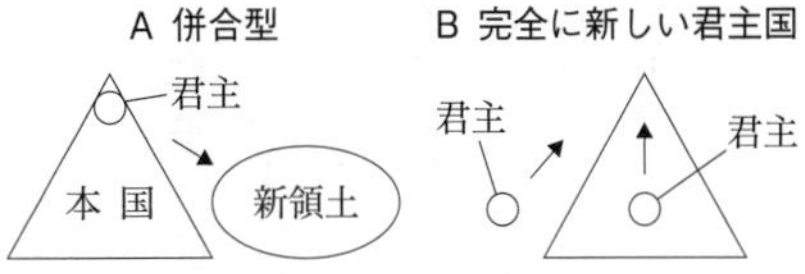

図 2

他方、本国と新領土との慣習が異なれば、征服地の支配には大きな困難が伴う。マキァヴェッリが力を込めるのは、この難局に関する議論である。それによれば、この場合には三つの有効な対策がある。第一に、諸問題に早急に対処できるように君主が現地に赴くこと、第二に、本国から新領土に移民兵を派遣すること、第三に、君主がその近隣の弱小国の庇護者となり、外部の列強国の勢力を弱体化させることである。

この三つ目の成功例として古代ローマ人の方策が挙げられている。逆に、同時代のフランス王ルイ一二世の政策は、これに悉く反した失敗例として長々と紹介されている。それを要約して言えば、フランス王は、北イタリアに侵攻した際、ロンバルディア地方での覇権争いにローマ教皇やスペイン王を招き入れたゆえにその地方を失ったのである。

君主国の征服と支配

このようにマキァヴェッリは、本国と征服地との慣習の同異を読者に留意させているが、さらに言えば、彼は、それらの政体の同異を認識することが重要だと指摘している。まず考察されるのは、新君主が本国と同じ政体、つまり君主国を獲得した場合であり、これは、『君主論』第四章で議論の俎上に載せられている。君主国の生活に慣れ親しんだ人々を統治する場合、新君主は、共和国を併合した場合より容易に統治できる。とはいえ、その場合でも新君主は、新領土の状況に沿った対応を要する。

この見地からマキァヴェッリは、君主国をトルコ型とフランス型に分類している(図3参照)。トルコ型では、君主(主人)が頂点に君臨し、他のすべては臣民(公僕)である。そこではすべての地位が君主に由来しており、忠誠心は、君主にのみ向けられている。それゆえ、ここを征服しようとする場合、国内の分裂を期待することはできない。しかし、彼の説明では、征服後は、臣民に新君主に服従する政治的慣習があるため、権力の維持は比較的容易である。

逆に、フランス型の君主国を征服することは容易であるが、新君主がその状況で権力を維持することは難しい。マキァヴェッリによれば、この新君主は、多くの封建諸侯に取り囲まれて

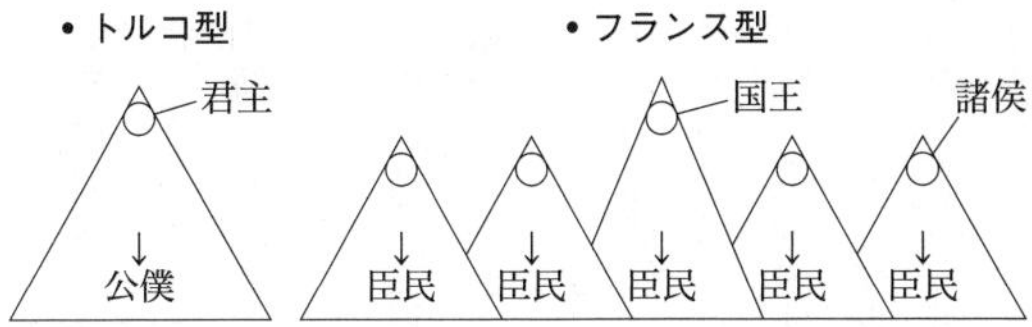

図　3

いる。封建諸侯は、それぞれの領地を古くから統治しており、それぞれの臣民からの愛着を獲得している。たしかにフランス全体から見るならば、国王がそれら諸侯の頂点にいるが、トルコの君主とは異なり、フランス王は、諸侯とその臣民のいずれからもさほど忠誠心を見込めない。むしろ諸侯は、外部勢力と結託し、その勢力を国内に招き入れる可能性がある。したがって、新君主からすれば、諸侯の協力ゆえにそうした領土を征服することは容易であるが、その反面、占領後の新君主(国王)は、新君主と対等と思うこれら諸侯と対峙せざるをえない。フランス型君主国での権力維持が困難となるのは、この理由に基づいている。

マキァヴェッリは第四章のタイトルで、なぜアレクサンドロス大王の死後、ダレイオス王国でその後継者が謀反に遭わなかったのかと問うていたが、その答えはここに示されている。すなわち、その王国は、彼の挙げるトルコ型に属する政体であったため、征服後の支配が容易であったという結論となる。トルコ型の新君主国では、支配の正当性はないにせよ、臣民に服従の慣習があると言えよう。

共和国の支配

続く第五章で想定されている状況は、征服者が共和国を獲得した場合であり、君主に服従する政治的慣習がない局面である。この状況は、言ってみれば、すべての臣民が先述の封建諸侯のような状況である。そこでは新君主は、フランス型君主国を占領した場合よりも大きな困難に直面するだろう。マキァヴェッリはこの章で、新君主が本国とは政体の慣習が異なる場合の一つ、すなわち、市民が「自由な生活」ないし「自由な国家」に馴染んでいる状況を論じている。「自由な生活」とは、同章で共和国と換言されている。もし支配の容易さという観点からこれらに順位をつけるとすれば、トルコ型、フランス型、共和国の順となろう(図4参照)。

第五章の冒頭で、自由な都市(国家)を支配するための三つの方策が挙げられている。マキァヴェッリによれば、第一は、その都市を滅ぼすこと、第二は、君主がそこに移り住むこと、第三は、従来の法をそこで維持させ、新君主の味方からなる寡頭政を樹立することである。

しかし、マキァヴェッリは、傀儡政権の樹立という第三の方法をいったんは検討してみるものの、その方策が成功しないと結論づけている。スパルタとローマの実例から自らの主張を裏づけた後、彼は、自由な生活に馴染んだ都市を滅ぼさなければ、君主が滅びることになろうと皮肉を述べている。彼によれば、共和国は、「自由という名目や従来の制度が拠り所となるゆ

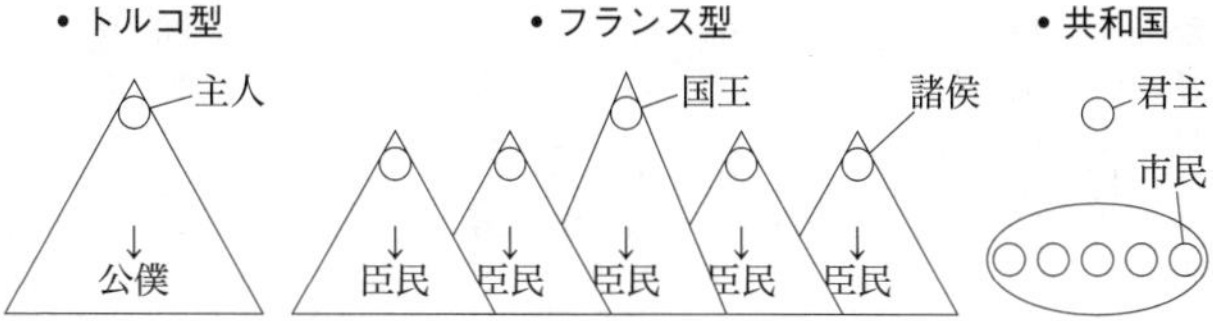

図 4

えに、つねに反乱を起こす」。時間の経過は、自由の記憶をけっして忘れさせることはない。たとえ君主が臣民に恩恵を与えたとしても事態は変わらない。マキァヴェッリがここで読者に提示するのは、ピサがフィレンツェの支配に絶えず反抗してきたという、当時の読者には分かりやすい事実である。

そのため、最も安全な方法は、第五章の結論部分によれば、共和国を消滅させるか、君主がそこに移り住むかである。しかし、いかなる対策を用いても市民の自由の記憶や制度を忘れさせることができないのであれば、君主自身がそこへ移り住んだところで、自由であった都市を支配することはできないのではなかろうか。マキァヴェッリ自身の議論から判断すれば、共和国の慣習は、市民を君主支配に馴染ませることはできないように見える。実際、彼は、君主自身がそこへ移り住んだ場合の方策については、第五章で具体的には何ら論じることなく、議論を早々に打ち切っている。なお、本国に他国を併合した場合の考察も、ここで終了している。

ここで政体の概念を簡単に整理しておこう。君主政と共和政は通常、一人支配か否かという観点から、換言すれば、権力の集中と分散の程度という観点から区別される。さらに複数者の支配である共和政は、少数者支配の貴族政と多数者支配の民主政に分類できる。もちろん、同じ政体を見ている場合でも、分析者によって異なる名称が与えられることもある。

三　君主の類型化

権力の獲得方法——力量と運

右で見てきたように、新君主は、支配の対象となる国家の性質に応じた対応が必要である。他方、第六章以降では次の二つの議論が同時並行的に展開されている。第一に、君主が本国に他国を併合する場合ではなく、もともと国家を持たなかった人物が国家を獲得した状況、すなわち、完全に新規に国家を獲得した状況に関する議論である。マキァヴェッリは分類していないが、これは、新君主となった人物が国内からその権力を奪取した場合と、国外から権力を奪取した場合に分けられる(図2B参照)。第二に、マキァヴェッリは、これまでの議論では支配対象の性質から分類してきたが、今や支配者の性質の分類に着手している(図5参照)。

具体的にはその分類は、権力の獲得が自力と他力のいずれに基づいていたかという観点からなされている。前者は、「ヴィルトゥ(virtù)」、後者は、「フォルトゥナ(fortuna)」に基づいた新君主であると表現されており、この文脈ではそれらは、力量と運に換言することができる。マキァヴェッリは、この一対の対照的な君主類型を提示し、それぞれ第六章と第七章で扱っている。

たしかに現実的には、完全に力量と運のいずれかでのみ君位に就くということはありえない。しかし、限りなく自らの実力にのみ依拠した人物を想定してみることはできる。この観点からマキァヴェッリが提示している君主は、モーゼ、キュロス、ロムルス、テセウスである。彼らは、その民が抑圧や離散の状態にあったために、その能力を発揮する必要があり、その意味で機会に依存しているが、彼らは、機会以外には何事にも依存しない超人的な新君主である。また、彼らは、新しい制度を導入した立法者(建国者)でもある。

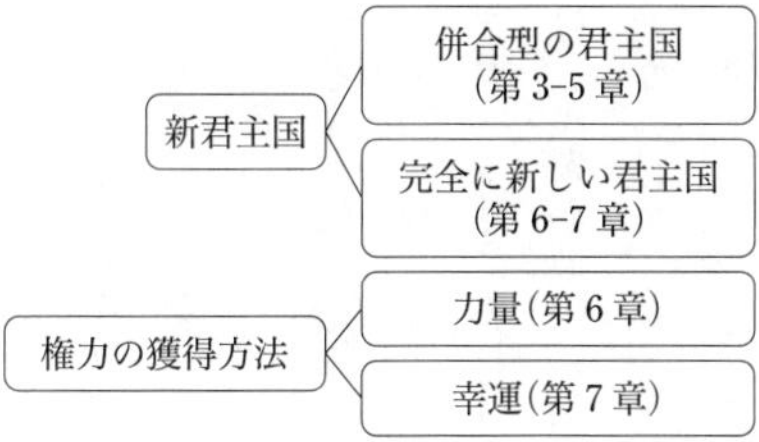

図　5

とはいえ、一般的には新体制の導入は、新君主にとって困難な作業である。マキァヴェッリによれば、旧体制で利益を享受していた人々は、すべて新君主の敵になる。他方、新体制から利益を享受しようとする人々も、消極的にしか新君主を支持しない。というのも、彼らには、旧体制の支持者たちに対する恐怖があり、新体制からの利益は、彼らにとってまだ経験的に明らかでないためである。

しかし、マキァヴェッリの説明では、力量溢れる君主は、権力の獲得においては困難に直面するにせよ、それを維持するのは容易である。この理由は、すでに彼らが十分な軍事力を持っている点にあり、それゆえ彼らは、新体制をたやすく導入することができる。この議論から分かるように、力量とでも訳すべき「ヴィルトゥ」とは、この文脈では軍事力がその中核である。

他方、ヴィルトゥを持たなかった人物として修道士サヴォナローラが挙げられている。マキァヴェッリによれば、彼のような「武装せざる預言者」は滅びる。すなわち、サヴォナローラは、民衆が彼の言葉を信じなくなったとき、武力で彼らにその法を強制しなければならなかったが、彼は、武力を持たなかったのである。

逆に、武装せる預言者は、モーゼであり、彼を含む超人的な立法者たちは、軍事力を有していたために彼らの法や制度を民衆に長い間遵守させえたのである。宗教指導者と立法者は、いずれも民衆の精神を方向づけるという共通の役割を持っているために、同じ類型に属している。マキァヴェッリによれば、読者は、モーゼやロムルスらと完全に同じ力量の地点に到達するのは不可能であるにせよ、彼らを模倣することは可能である。ここでの読者への実践的メッセージは、軍事力を備えよというものであろう。

幸運に基づいた新君主

他方、第七章では自らのヴィルトゥ、つまり軍事力を持たずに地位を獲得した人物が考察の対象となる。この新君主は、他人の軍事力に基づいているため、この章でも武装の勧めがその中心的な主張となっている。そこでの表現によれば、「一私人からたんに幸運によって君主となった人物は、苦労せず君主となったが、地位を維持するには大いに苦労する。この人物は、そこに飛んできたため、途中で何ら困難に遭わなかった。だが、すべての困難は、地位に就いた時に生じる」。

マキァヴェッリによれば、この地位は、金銭に基づくか、権力を譲渡した人物からの好意に基づいている。それは、権力を与えてくれた人物の意志に基づいており、君主本人の力量に依拠していない。権力を与えてくれた人物の意志は、一定ではなく、その境遇も変わるかもしれないため、新君主の地位は、不安定である。しかもマキァヴェッリによれば、新君主は、つねに私的な境遇で暮らしてきたため、命令の方法がわからないし、忠実な軍隊を持たない。

そこで早急になされるべきは、自前の軍事力の構築である。マキァヴェッリによれば、幸運に依拠した新君主は、チェーザレ・ボルジアを模倣すべきである。『君主論』第七章の大半は、彼の実例の紹介に充てられている。彼は、マキァヴェッリの見るところ、父親アレクサンデル六世の好意という幸運で国家を獲得した。さらに、彼は、ロマーニァ地方の諸都市を征服した際、自らの軍隊ではなく、フランスという他者の軍隊やオルシーニ家の傭兵に依存していた。この意味でも彼は、フォルトゥナに依存していた。

マキァヴェッリの説明では、ボルジアは、こうした不安定要素を排除するため、自らに忠実な軍隊を形成しようと決意した。ボルジアは、冷酷さや策略などの手段で自らの基盤を固め、ロマーニァ地方全体を征服した後、さらにトスカーナの諸都市の征服に取りかかろうとした。この時点でボルジアは、運や他人の力にほとんど依存しない状態に達していたという。彼は、父親である教皇アレクサンデル六世が死去したとしても自らは政治的に破滅しない方策を整えていたのである。

ところが、ボルジアに極端な不運がめぐってきた。マキァヴェッリの見立てでは、ボルジアは、父の死と同時に彼自身が病気にかかったため、身動きが取れなかったのである。しかし、マキァヴェッリによれば、彼の失脚は、極度の不運によるものにすぎない。そのため読者は、新君主ボルジアを模倣することができるし、模倣すべきである。実際に彼は、ロマーニァの民心を捉え、そこに良き統治を施した。マキァヴェッリは、ボルジアの臣民が彼の窮地においても彼に忠実であり、反旗を翻さなかったと分析し、ボルジアの基礎づくりの見事さを称賛している。

征服と革命の政治学

マキァヴェッリによる国家分類は、さらに続くが、彼が第一章で予告した見取り図は、この第七章までの範囲しか示していない。そこで本書もここでいったん区切り、彼の議論を整理しておこう。『君主論』の関心の対象は、君主国一般ではないし、ましてや国家一般でもない。世襲君主のような正当な君主は、助言をさほど必要としない。これまでのところ、マキァヴェッリは、新君主国に対象を限定したため、共和国と世襲君主国だけを議論の主要な対象から除外しているように見えるが、後述するように、実は支配の正当性を有する国家全般がそこから除外されている。マキァヴェッリの関心は、権力を簒奪した人物か、この人物から支配を委ねられた人物、すなわち君主の資格や権利がない人物に向けられている。他国を獲得した場合を征服と呼び、国内で権力を獲得した場合を革命と呼ぶとすれば、『君主論』での考察は、征服や革命の政治学に他ならない。

さらに、マキァヴェッリが新君主国という例外的な政治状況に議論を限定したのみならず、君主の権力獲得の方法を分類した事実に注意すべきである。新君主のうち、自らのヴィルトゥを有する君主とは、軍事力を有する君主であるため、ほぼ自在に新しい体制を導入しうる。この人物にとっても、助言は不要であろう。手引きを要するのは、一私人から他人の好意で君主となった人物、すなわち、幸運によって地位を獲得した新君主である。言い換えれば、マキァヴェッリが政治的指針を示そうとした相手は、統治経験がないために統治の方法を知らず、かつ、軍事力を持たない新君主である。

四　メディチ家の政治的課題

ジュリアーノと「新君主国」

では、なぜマキァヴェッリは、新君主という類型を浮き彫りにしたのであろうか。その理由は、本節で見るように、メディチ家の若者がまさにそうした君主になろうとしていた点にある。新君主国や新君主の類型は、当時のメディチ家の直面した政治状況と一致している。彼の知的営為は、読者の実践的課題と密接に結びついているのである。

マキァヴェッリは、君主国の分類において具体的に当時のどのような政治状況を想定しているのだろうか。従来の研究ではこの問題は、あまり関心の対象とならなかったか、関心の対象となった場合でも、その理解は、適切ではなかった。例えば、従来の一部の研究は、マキァヴェッリが『君主論』第七章までの範囲でメディチ家復帰後のフィレンツェに対象を絞り込んでいると解釈している。

しかし、当時のメディチ家の事情を考慮するならば、マキァヴェッリが第七章までの議論でフィレンツェを想定しているという解釈には無理がある。「一私人からたんに幸運によって君主となった人物」は、フィレンツェのメディチ家を指すようには見えない。この都市のメディチ家が「苦労せず」「そこに飛んできたため、途中で何ら困難に遭わなかった」と記述することも不自然である。

むしろ、そこで想定されている基本的な対象とは、主にロマーニァ地方の諸国であろう。ジュリアーノないしロレンツォは、個人で考えるならばボルジアと同様に、たしかに一私人の境遇にあると言いうる。しかも彼らに政治的経験がなく、何ら苦労せず君主となったという表現も妥当である。メディチ家の読者は、ボルジアと同じく教皇の恩恵というフォルトゥナに依存した君主である。

この二人のうち、まずジュリアーノの政治的事情を具体的に見てみよう。

『君主論』を理解するうえでジュリアーノがすでに一五一三年八月までにはフィレンツェから離れていた事実は、重要である。パオロ・ヴェットーリは当初、自分と親しいジュリアーノにフィレンツェの統治を委ねるようジュリオ・デ・メディチ枢機卿にはたらきかけていたが、ジュリアーノは、フィレンツェ市民との面談や議論にすぐに飽きてしまった。そこでメディチ教皇レオ一〇世は八月、ジュリアーノの代わりにロレンツォをフィレンツェに送り込んだのである。ジュリアーノは、一五一四年六月後半に祝祭への参加のため一時帰国したようだが、その後フィレンツェに定住することはなかった。

すでに本書第一章で紹介した一五一三年末の有名な書簡からは、マキァヴェッリが『君主論』をジュリアーノに献呈しようと考えていることが分かるが、ジュリアーノがローマに向かい、すでに半年近く経ったこの頃、ジュリアーノにフィレンツェ統治に関する助言を与えようとしていたとは考えにくい。ジュリアーノはローマ到着後、フィレンツェの統治そのものに関与した形跡はない。彼は、甥のロレンツォと対立関係にあり、共和国の統治は、ロレンツォに委ねられていた。

マキァヴェッリは同じ書簡で、自らがローマに向かい、その作品をジュリアーノに直接献呈するかどうかをヴェットーリに相談している。しかしマキァヴェッリは、ローマにはソデリーニ兄弟がいるため、そこに行けば、彼らと接触せざるをえず、その情報がフィレンツェの当局に伝わることを懸念していた。すなわち、彼は、フィレンツェ当局は疑い深いため、まだ自分が帰国した際に右の事情から投獄されることもありうると判断していた。そのため彼は、ローマに向かわなかったが、もしそうした事情がなければ、フィレンツェを離れるつもりだったのである。マキァヴェッリは、ローマや教皇領でならば、自分はさほど疑われないだろうとも述べている。

諸国の支配者たちも、ジュリアーノがフィレンツェの権力を放棄したと見ていたために、教皇レオが弟にどの国家を与えるつもりなのかを探ろうとした。幾人かの君主は、メディチ教皇がジュリアーノにナポリを与えようとしていると推測していた。実際に教皇レオは、ジュリアーノをナポリ総督の娘と結婚させようと考えていた。しかし教皇は、フランス、スペイン、神聖ローマ帝国などの動向や政治情勢を考慮し、結果的にはナポリに触手を伸ばさなかった。

ジュリアーノがどこを獲得するかという問題については様々な憶測が飛び交っていたようである。ジュリアーノ本人ですら、教皇とナポリとの交渉を知らされていなかったのであるから、山荘に引きこもっていたマキァヴェッリも、ジュリアーノの新しい国家についてほとんど知りえなかったと考えられる。それゆえにマキァヴェッリは、『君主論』の前半部分で国家分類を進めた可能性がある。すなわち、彼の複雑な分類作業は、理論的な整理であると同時に、読者がどのような国家を獲得するにせよ、対応できるようにするための実践的な工夫だったのではなかろうか。

一五一五年のジュリアーノ

先に述べた一五一三年一二月の書簡の他に、『君主論』理解のためにもう一つのきわめて重要な書簡がある。それは、一年ほど経過した一五一五年一月三一日の書簡である。この書簡からは、マキァヴェッリがなおもジュリアーノに取り入ろうとしていることが確認できる。だとすれば、この時点の『君主論』は、まだロレンツォへの献辞のない作品ということになろう。実のところ、彼はこの書簡で、ジュリアーノがロマーニァ地方に属する次の四つの国を支配することになろうと論じている。

パオロからではなく、人々の噂で聞いたのですが、ジュリアーノがパルマ、ピアチェンツァ、モデナ、レッジョの支配者になるとのことです。彼の支配は、最初に適切に統治されれば、立派で強力なものになり、いかなる事態においても維持されると思います。それをよく統治しようと思えば、対象の性質を理解しなければなりません。新君主によって獲得された新しい諸国家には、それを維持しようとする場合、きわめて多くの困難があります。

この書簡は、『君主論』の内容と酷似した議論を含んでいるため、注目に値する。まず確認すべきは、先の書簡と同様に、ジュリアーノが新君主となるという理解である。さらにこの書簡によれば、『君主論』と同様に、新しい国家の支配には困難が伴うゆえに早急に基礎作りをなさねばならず、新君主にとって認識すべきは、新しい国家の性質であると論じられている。しかも、マキァヴェッリは右の引用の後、もし自分が新君主になるとすれば、チェーザレ・ボルジアを必ず模範としたいと述べている。マキァヴェッリは、一五一三年末の有名な書簡でもすでに、執筆中の作品が「君主、特に新君主には必ず歓迎されるでしょう」と述べており、その時点ですでに新君主を念頭に置いていたことが分かる。

これらのことを踏まえるならば、マキァヴェッリは『君主論』で、新君主ジュリアーノがロマーニァ地方のこれらの諸都市を支配するだろうと想定していると考えることができよう。事実、教皇レオ一〇世は一五一五年二月末に、ジュリアーノにこれらの諸国を与えることになる。

ジュリアーノは前年の一一月に締結した通り、サヴォイア公の娘フィリベルタと結婚し、メディチ家は、フランス王と姻戚関係を結んだ。ジュリアーノは、ヌムール公となったため、世襲君主ではないにせよ、正当に国家を獲得したことになる。マキァヴェッリは、ジュリアーノがヌムール公国を獲得すると予測できなかったにせよ、何らかの正当な国家を獲得するだろうと見込んでいたのではないだろうか。この解釈は、推測の余地が大きいが、正しいとすれば、マキァヴェッリが『君主論』の第三章から第五章までの範囲で世襲君主国に新しい国家を併合する君主国類型を示そうとした現実的意味がうかがえよう。

ロマーニァの複合的な国家

同じ書簡の別の見解にも着目しておくべきだろう。マキァヴェッリはそこで、複数の国家を併合し、それに何らかの統一を与える作業が大きな困難を伴うものになろうと指摘している。

例えば、フェラーラのように、統一体であることに慣れた国家を維持するのに困難が伴うとすれば、ジュリアーノ殿のこの場合のように、異なった部分で新しく構成されている国家――というのも、その一部は、ミラノの部分であり、残りは、フェラーラの部分だからです――を維持することにはより大きな困難が伴います。それゆえ、君主になる者は、それらを一体にまとめ、一つであるという認識にできるだけ早く慣れさせるよう配慮しなければなりません。その実現には二つの方法があります。君主自身がその地に留まることか、あるいは、そこに代官を据えることです。

この議論は、正確には世襲君主国に新たに別の国家を併合する場合の考察とは言えないが、新君主がいくつかの諸国を同時に支配するという点では、『君主論』第三章以降の議論と一致している。

さらに右の引用によれば、臣民に一体性をもたせるためには、「君主自身がその地に留まることか、あるいは、そこに代官を据えること」が必要である。マキァヴェッリは『君主論』で、チェーザレ・ボルジアが代官を立てたとも論じている。たしかに君主が複数の国家を支配するのであれば、現地に代理を送らねばならない場合もあろう。マキァヴェッリは同じ書簡で、

「ジュリアーノ殿がローマにまだ留まりたいのであれば、物事の事情や土地の状況に詳しい人物をそこに据えることで、新しい国家の確固たる基礎を作りうるでしょう」と述べている。

この書簡の相手は、友人フランチェスコ・ヴェットーリであり、その書簡に従う限りでは、彼の弟パオロは、ジュリアーノの側近としてその代官になることを約束されていた。マキァヴェッリが言うように、もしジュリアーノがローマを離れたくない場合、この友人の弟パオロがその代官になろう。マキァヴェッリの期待は、自らがこの代官の補佐役になることにあったとも推測できる。

教皇政治と新君主国

すでに明らかなように、当時の教皇政治を把握することは、『君主論』の理解に不可欠である。ジョヴァンニ・デ・メディチは、教皇レオ一〇世となり、自分の親族に政治的な地位を与えようとしていた。ネポティズムと呼ばれるこの慣行は、教皇政治の伝統であり、多くの同時代人たちは、レオ一〇世もこの慣行に追随するだろうと予想していた。事実、マキァヴェッリ自身も一五一三年六月の書簡で、この若き教皇が前任者に劣らず「栄光」を求めており、彼には国家を持たない弟や甥がいると述べている。すなわち、マキァヴェッリの想定では、教皇レオの目的は、従前の教皇たちと同様に、教会の世俗的勢力の拡大にあり、そのために教皇は、新しい諸国を獲得し、それらを親族に支配させようとしているのである。

さらに、同年ヴェットーリはマキァヴェッリへの書簡で、教皇レオの世俗的野心に触れつつ、前教皇ユリウス二世は、パルマとピアチェンツァを「何ら正当な資格なしで」占領していたと論じている。支配の資格や正当性のないこの君主は、マキァヴェッリの用語で言えば、新君主である。新君主国の獲得と維持という課題は、マキァヴェッリに限らず、当時、教皇政治に関わる者にとって共通の関心事だったのである。

『君主論』によれば、チェーザレ・ボルジアは、教皇アレクサンデル六世という「他者の好意」に基づいた新君主である。実際に同時代人たちも、チェーザレをそのように見ており、彼が父の死去とともにその政治力を失ったことも当然知っていた。同じ状況は、ジュリアーノにも妥当する。グィッチァルディーニは、ジュリアーノは兄の死後、有力な君主たちの好意がなければ、ピアチェンツァ、パルマ、レッジョ、モデナを失うであろうと予想している。フランスが一五一五年九月にマリニァーノの戦いで勝利した結果、レオ一〇世は右の四都市のうち、ピアチェンツァとパルマを失い、レッジョとモデナもフェラーラへの返還を約束させられた。教皇は、その約束を守るつもりはなかったが、ジュリアーノは、それら新君主国を確保しえたわけではなかったと言ってよい。

もっとも、メディチ家の野心の対象は、この四つに限定されていたわけではない。アペニン山脈の北側に並ぶこの諸都市の先には、ミラノがあり、教皇レオ一〇世は、晩年にはこの大都市に手をかけることになる。他方で彼は、ヴェネツィアに近い都市フェラーラをも欲していた。もちろん、これらの大都市のみならず、その間に点在する中小の都市国家も彼の視野に入っていたはずである。要するに、可能な限り多くの都市を獲得したいというのが彼の願望であった。フランスやヴェネツィアもまた、北イタリアのこれらの諸都市を狙っていたため、それら新君主国は、他国から容易に防衛できるというわけではなかった。

新君主は、運が変化する前にその対策を立てておくべきである。『君主論』におけるこの認識は、兄の死後の自らの地位に不安を持つジュリアーノにとっても、きわめて切実なものであったに違いない。ただし、親の七光りを失うと同時に自らの生命を失いかけていたチェーザレとは異なり、ジュリアーノは、兄レオ一〇世よりもはるかに早逝であった。彼は、一五一六年三月に死去した。

読者の変更——ロレンツォへ

一五一五年一月頃、ジュリオ枢機卿は、ジュリアーノがマキァヴェッリを登用したという噂を聞きつけ、教皇秘書ピエロ・アルディンゲッリに事の真相を問いただした。アルディンゲッリによれば、ジュリオ枢機卿は、自分はその噂を信じていないが、もし本当ならジュリアーノにやめさせるべきだと指示した。ジュリオはその書簡で、マキァヴェッリ登用の件がパオロ・ヴェットーリの差し金に違いないと推測し、マキァヴェッリには関わるなとアルディンゲッリに書き送った。

マキァヴェッリは、このことをしばらくは知らなかったのだろう。彼がジュリアーノからロレンツォへと名宛人を変更したということは、その作品に手を加えたことを意味する。その際に、本文はそのままでロレンツォへの献辞を加えたか、あるいは、『君主論』を大幅に修正したのかは不明である。

変更の時期は、一五一六年三月のジュリアーノ死後と考えるのが自然かもしれない。しかし、マキァヴェッリは、すでにジュリアーノの病状が重篤となった一五一五年の夏頃かそれ以降には、彼を見限っていた可能性も捨てきれない。同年一月にチェーザレ・ボルジアと同様、教会軍総司令官となったジュリアーノは、七月にロマーニァの戦線にいたが、その直後、彼の容体は悪化し、仮に治るとしても長い時間がかかると考えられたのである。

マキァヴェッリは、献呈相手をロレンツォに変えた際、この新しい読者がジュリアーノとはやや異なる政治状況に直面しているため、議論の内容を変更しなければならなかったかもしれない。内容上の変更の可能性については本書で後に触れることにしたいが、ここで指摘しておくべきは、献呈相手がロレンツォに変わった後も、ジュリアーノのための議論を少なからず転用できたことである。すなわち、ロレンツォはジュリアーノと同様に、ロマーニアの都市の新君主となる可能性が見込まれていたのである。

ウルビーノ公ロレンツォ

実際にロレンツォは、一五一六年六月にはウルビーノをペーザロとともに獲得し、八月にウルビーノ公となる。彼は、マキァヴェッリがまだジュリアーノへの『君主論』献呈を考えていた頃、すでにフィレンツェの統治を任されていた。ところが、ロレンツォの関心は、フィレンツェの統治よりも、新しい国家の獲得に向けられていた。その成果がウルビーノの獲得である。ボルジアがかつてウルビーノを征服していたことを考えれば、『君主論』でのボルジアへの言及は、きわめて重要である。

とはいえ、ロレンツォ宛の『君主論』は、彼がウルビーノ公となる前に完成していたと考えられる。いくつかの研究が指摘するように、ロレンツォが「公」の称号を獲得していたとすれば、たしかに『君主論』でも「ウルビーノ公」ないし「公」と記すのが礼儀であろう。しかも、教皇レオ一〇世やロレンツォは、ジュリアーノが死去した後に、すなわち、一五一六年三月一七日よりも後に、具体的にウルビーノを奪うことに決めた。マキァヴェッリは、それ以前に『君主論』を完成させていたのではなかろうか。

メディチ家の複数のメンバーは、ウルビーノという新君主国の支配が困難になることを予想していた。ロレンツォ本人は、ウルビーノの獲得前にすでに、そこを獲得するのが容易であるにせよ、失うのもまた容易であろうと見ていた。というのも、彼の判断では、ウルビーノの臣民は、旧君主フランチェスコ・マリア一世・デッラ・ローヴェレに対する愛着を抱いているからである。教皇レオ一〇世も、旧ウルビーノ公に対する民衆の愛着を知っていた。彼らがウルビーノ獲得に消極的だった理由の一つは、この事情にある。

新国家の獲得の野心

マキァヴェッリやグィッチァルディーニらの指摘では、新君主は、国内のみならず、対外的にも危機を抱え込むことになる。政治的基盤の安定していない国家は、他国からの攻撃を受ける可能性が高い。しかも、旧君主の生存は、他国にとっても攻撃の口実となる。新君主は、旧来の君主とその血統を抹殺しなければならないという助言が想起されよう。

実際、旧ウルビーノ公が率いる勢力は、一五一七年にウルビーノを攻撃し、この戦争は長期化すると考えられた。しかもロレンツォは、この戦争で負傷し、戦列を離れた。ウルビーノの維持が困難になろうという彼の予想は、当たったことになる。ただし、教皇レオは九月に、旧ウルビーノ公と和解し、ロレンツォがその地位を確保した。

とはいえ、レオの死後に新しい教皇が選ばれるならば、新教皇は、ロレンツォの地位を脅かすかもしれない。新教皇は、どこかに新君主を拵えるだろうし、ウルビーノがその対象となる可能性は高い。ロレンツォの考えでは、ウルビーノの維持は、長期的にはけっして盤石というわけではない。そのため彼は、現教皇の存命中に別の布石を打とうとしていた。それは、より安定的な別の国家の獲得である。彼の母アルフォンシーナも、ウルビーノの維持が容易ではないと判断し、息子に新しい国家を与えるようレオに繰り返し懇願していた。

ロレンツォやメディチ教皇は、ウルビーノの獲得以前からトスカーナ地方の共和国の獲得を画策していたため、『君主論』第五章の共和国に関する考察も、当時の実践的な関心と無関係というわけではない。ただし、第五章の議論がごく簡単に済ませられていることから考えるならば、マキァヴェッリは、ロレンツォが自由な国家を獲得する可能性をさほど考慮していなかったのだろう。このようにメディチ家の野望は、可能な限り多くの「新しい国家」を獲得することにあった。すでに述べたように、この特定不可能性が『君主論』の分類を複雑にした可能性がある。とはいえ、『君主論』の基本的な考察は、メディチ家の読者が教皇領の国家を獲得・維持するという政治的課題に即した議論である。

第三章　善と悪の勧め

ジュリアーノ・デ・メディチ
（ラファエロ・サンティ作）

一　新君主の政治的資質

自前の軍事力の構築

すでに示したように、新君主は、君主としての資格や権利を持たず、支配の正当性を欠いているため、臣民からの自発的な服従を見込めない。マキァヴェッリが『君主論』で焦点を合わせたのは、この困難な政治状況である。以後では、彼がこの難局で君主に必要だと考えた政治的資質、つまりヴィルトゥとは何かを見てみよう。

新君主は、征服の際に臣民に危害を加えているため、臣民からの積極的な抵抗に直面する。だとすれば、新君主は、それらを物理的強制力で抑え込まねばならないだろう。それゆえ、マキァヴェッリが君主に軍事力の確保を力説していることは当然と言える。幸運でその地位に就いた君主ボルジアは、軍事力という意味でのヴィルトゥを持たなかったが、それを早急に形成する才能という意味でのヴィルトゥを持っていた。読者が彼を模倣しなければならないという訴えは、第六章と第七章の議論からうかがえるが、マキァヴェッリは『君主論』第一二章から第一四章までの範囲で、軍事論を本格的に展開している。

第一二章の議論によれば、君主国は、新旧いずれの場合であれ、あるいは、それらの混合の場合であれ、良き軍隊と良き法律の双方を必要不可欠とする。だが、そもそも良き軍隊のないところでは良き法律はない。

まず第一二章でマキァヴェッリは、君主が他者の軍隊に依存することを手厳しく批判している。例えば、金銭のために戦う傭兵は、戦争を引き延ばすことが自らに利益をもたらすため、けっして熱心に戦おうとはしない。傭兵は、自己の利益のために戦うのであり、国家や君主のために命を投げ出そうとはしないのであるから、これほど当てにならない軍隊はないというのである。もし傭兵隊長が無能であれば、それを用いる君主は危機に陥るし、反対に、傭兵隊長が有能であれば、君主は、その人物に脅されることになろう。

続く第一三章では、外国支援軍が検討されている。マキァヴェッリによれば、君主がこれに依存することは、傭兵に依存することよりも危険である。君主が外国からの援軍に依存するならば、その軍隊が敗北した場合には自らも滅びるし、逆に援軍が勝利すれば、君主は、その外国君主に従属せざるをえなくなろう。マキァヴェッリはさらに、傭兵と外国支援軍との混合の場合も検討してみてはいるものの、これも不適切な軍隊としてあっさりと退けている。

マキァヴェッリが力説しているのは、「自前の軍隊(arme proprie)」の形成であり、「自前の軍隊とは、臣民か市民か部下(creati)から構成されている」。このように自前の軍隊は、君主国の場合は「臣民」から、共和国の場合は「市民」からなっているが、いずれも君主ないし共和国に忠実である。マキァヴェッリは、この二つに加えて自らの部下で構成されている場合も自前の軍隊であると論じているため、必ずしも自国の軍隊である必要はないということになる。

マキァヴェッリはこの章でも、ボルジアの行為を模範とするよう訴えている。その説明によれば、ボルジアは、外国支援軍と傭兵軍を順に用いてみたが、結局のところ、自前の軍隊の必要性を認識し、それを用いて成功を収めた。マキァヴェッリにとって、君主が自前の軍隊を用いない場合、傭兵や外国支援軍に依存せざるをえないが、これは、君主の破滅をもたらすだろう。

最後の第一四章によれば、君主は、優美な生活に耽ることなく、軍事に強い関心を抱くべきである。なお、君主は、軍事訓練を積むとともに、軍事的目的から歴史書を読まねばならない。この点にマキァヴェッリの人文主義的な姿勢、すなわち、古代を重視し、古典から何かを積極的に学ばねばならないという姿勢が表れていると言えよう。

新君主国での軍事力構築の可能性

ここで一つの疑問が生じる。マキァヴェッリは、新君主国を二つに分け、第三章から第五章までの範囲で併合型の君主国を論じていた。すなわち、これは、すでに世襲君主国を持つ君主が別の国家をその本土に併合した状況であり、君主は、この新しい領土にとっては新君主である。たしかにこのようにすでに国家を保持している君主ならば、新たに国家を征服した場合でも、本土には彼に忠実な兵士がいるだろう。

しかし、そうした本国がなく、完全に新規に国家を獲得した新君主は、いかに自らの軍事力を形成できるのだろうか。すでに見たように、『君主論』第三章によれば、「新君主国すべてに共通する当然の困難」は、征服の際に住民に危害を及ぼしていることから生じ、新しい臣民は、君主を変えるべく進んで武器を手に取るのだから、そこで新君主が信頼可能な兵士を調達することは難しいように見える。また、第六章によれば、新君主に支援を与えた者たちは、彼を消極的にしか支持しない。それゆえ新君主は、その支援者の軍事力を期待できないだろう。しかも新君主は、臣民から愛される必要がないのであれば、新君主は、自らに忠実な軍隊を形成することはできるのだろうか。

『君主論』によれば、完全に新規に国家を獲得した君主の一人は、ボルジアであるが、彼がいかに兵士を調達したかについては論じられていない。第七章の記述によれば、教皇アレクサンデル六世は、自らが利用できそうな武力をオルシーニ家やコロンナ家が持っているが、この教皇は、もし教会勢力が強力になれば、彼らが自らに脅威を感じるだろうと判断していた。息子のチェーザレは、その有力者たちの一部に様々な報酬を与え、味方に引き込んだ。彼は、数カ月のうちに彼ら自身の党派への愛着を消し去り、それを自らへと向けさせたという。

しかし、君主は、金銭のような報酬で忠誠心が獲得できるのだろうか。金銭で兵士を雇うべきではないというマキァヴェッリの議論に従う限り、それは難しいだろう。実際、『君主論』第一三章の説明では、ボルジアは、オルシーニ家とコロンナ家からは傭兵を雇い入れたものの、その兵士を信頼できないと判断し、自前の軍隊を用いて高い評判を獲得したとされている。しかし、自らに忠実な兵士の調達方法については論じられていない。

ただし、新君主国の困難に関する記述をさほど厳密に捉えなければ、事情は、やや異なるだろう。たしかにマキァヴェッリは『君主論』第三章で、「新君主国すべてに共通する当然の困難」が生じると指摘していた。しかし、第四章の議論によれば、トルコ型の君主国を支配する場合は、臣民が君主への従属に慣れているために、新君主国であっても、比較的容易にそこを支配できる。このような場合ならば、一部の臣民は、武装抵抗を試みるにせよ、旧体制下で抑圧されていたような他の臣民は、君主を支持するだろう。だとすれば、完全に新しい国家でも新君主が忠実な兵士を獲得できないことはないだろう。特に、ロマーニァ地方の無秩序な都市がもし短期間で秩序を享受するようなことがあれば、臣民が新君主に忠誠を示すことはありえよう。ただし、この場合は、後述するように、簒奪行為からの一定の時間的経過が想定されなければならない。

悪徳の勧め

マキァヴェッリが読者に要請したヴィルトゥの一つは、策略を用いる能力である。彼の描くボルジアは、この悪徳を具えていた。すなわち、第七章によれば、オルシーニ家は、ボルジアがコロンナ家を四散させた後、教会勢力が彼らにとっての脅威だと考えた。そこでボルジアは、自らの本心を巧みに隠し、友好的なそぶりでオルシーニの徒党を誘い、セニガリアで彼らを一気に殺害した。

さらに、ボルジアの残酷さは、部下の扱い方から明らかである。すでに本書で示したように、ボルジアは、マキァヴェッリの判断に基づく限り、臣民が彼の統治に憎悪を抱いていると見て、ロルカの死体をチェゼーナの広場にさらした。民衆は、その光景に驚きと満足を覚えた。このようにマキァヴェッリは、ボルジアが残酷さや策略の悪徳を行使したという印象を読者に与え、しかもその政治的資質を高く評価している。

『君主論』におけるヴィルトゥとは、これまで見てきた限りでは、しばしば軍事力を意味するため、その行使とは、基本的には暴力の行使である。換言すれば、それは、人間を殺傷する能力である。また、新君主は、こうした物理的強制力を欠いている場合、それだけ策略に依存しなければならないだろう。このように暴力と策略は、新君主にとって必須の資質であると考えられている。

伝統的にはヴィルトゥという言葉は、通常は徳(美徳)や卓越性を意味してきた。マキァヴェッリ自身も、『ディスコルシ』の議論から端的に読み取れるように、市民的な徳を称賛する場合、ヴィルトゥという言葉を頻繁に用いている。彼は『君主論』で、ヴィルトゥが悪徳であると直接述べているわけではないが、その言葉は、非道徳的な資質という意味を伴っている。ただし、マキァヴェッリがヴィルトゥを非道徳的な意味で最初に用いた人物というわけではない。例えば、兵士や軍隊における優れたヴィルトゥを論じるならば、当然その言葉は、敵に対する殺傷行為を意味し、非道徳的な意味を伴わざるをえないだろう。

このようにマキァヴェッリは『君主論』で、権力簒奪とその直後の状況を中心的な考察対象としているため、新君主に要請される政治的資質は、暴力や悪徳をその中核としている。『君主論』第一七章の表現によれば、「すべての君主のうちでとりわけ新君主は、新しい国家が危険で溢れているため、残酷という評判を避けることはできない」。第一八章によれば、「君主、とりわけ新君主は、人間が良いと考えるすべての事柄を遵守しうるものではなく、支配権を維持するために、しばしば信義に反し、慈悲心に反し、人間性に反し、宗教に反した行動をなさざるをえないことを知っておかなければならない」。新君主にとって悪徳は、ほとんど不可避的であると考えられているのである。

二　伝統の継承者マキァヴェッリ

「自然な君主」の振る舞い

しかし、まず注意しなければならないのは、マキァヴェッリが新君主国を想定していない場合、つまり世襲君主国や共和国一般を扱っている場合には、すでに見たように、統治者は、臣民や市民からの自発的な服従を期待できると考えられていることである。

だとすれば、そうした君主や支配者には原則として、新君主とは異なる政治的資質が必要であろう。実際、『君主論』第二章によれば、世襲君主は、「自然な君主」であり、臣民から「愛される」。マキァヴェッリの表現では、世襲君主は、臣民に危害を加える「動機や必要性」を持たないし、この人物が常軌を逸した悪徳で臣民から憎まれない限り、自然に好意を持たれるであろう。

たしかにどのような王朝であれ、その成立は、権力の簒奪に基づいている。しかし、同じ箇所の議論によれば、その簒奪や革新の記憶は、時間とともに薄らぐだろう。世襲君主国には時間の積み重ねがあり、その支配の正当性は、慣習や伝統に基づいている。そのためマキァヴェッリは、世襲君主には古い制度を温存することを求めているのである。

とすれば、世襲君主は、残酷さを発揮する必要性がないか、あったとしても、まれであろう。この君主にとって重要な資質は、原則としては有徳さではなかろうか。この振る舞い方は、支配の正当性を有する国家全般に妥当する。例えば、『君主論』第四章では、フランス型君主国でも各諸侯は、それぞれ臣民から「自然な愛情」を受けていると論じられており、これらの諸国は、世襲君主国そのものであるか、あるいはそれに近い状態であろう。世襲君主は、マキァヴェッリからすれば、愛されることが可能であり、それゆえ愛されるべきであろう。

また、世襲君主は、例えば、臣民との信義に背かず、むしろ積極的にそれを守ることが合理的な原則であろう(ただし、外国君主との信義についてはやや事情は異なる。君主と君主の関係は、新君主国に近いと言いうる)。さらにマキァヴェッリは、選挙で合法的に地位に就いた共和国の指導者には、『ディスコルシ』の多くの議論から明らかなように、暴力や悪徳で支配する原則を勧めていない。

もしマキァヴェッリが『君主論』で世襲君主国のような安定した状況を中心的に想定していたとすれば、彼は、統治の基本方針としては悪徳の行使を勧めることはなかっただろう。彼は、通常の国家においては君主に有徳な振る舞いを要請しており、その限りでは彼の見解は、伝統的ないし同時代の「君主の鑑」論と同じである。彼の要請するヴィルトゥとは、その文脈では徳であろう。

伝統的な論者による悪の勧め

さらに銘記すべきは、ルネサンス期における先述の「君主の鑑」論者たちがいずれも世襲君主ないしその子息に助言を提供していたことである。すなわち、ペトラルカ、ポンターノ、プラティーナ、マイオは、マキァヴェッリの言う新君主を助言の相手とはしていない。では、彼らは、君主が新君主国やそれに類似した例外状況でいかに振る舞うべきだと考えているのだろうか。マキァヴェッリの議論の特徴を正確に理解するため、彼らの見解を把握しておこう。

実のところ、伝統的な論者たちもまた、例外状況では悪をなすことが必要不可欠だと考えている。例えば、中世のアエギディウスによれば、君主が簒奪者であるならば、「自然な君主」とは異なる形で振る舞わねばならない。この簒奪の政治状況は、『君主論』の新君主国に相当するだろう。彼の考察によれば、もし誰かが新しく他者を支配し始める場合は、その君主国には容易に反乱が生じるだろう。

さらに、アエギディウスによれば、もしその王国が長期間存続し、その支配が「自然な」ものとなり、君主が権力をいかに獲得したかを誰も思い起こさないような場合には、君主は、さほど警戒する必要はない。彼は、『君主論』第二章の議論と同様に、簒奪や革新の記憶は、時間とともに薄れるだろうと考えている。ただし、彼は、簒奪の記憶が鮮明な状況で、いかに君主が振る舞うべきかについては論じなかったし、論じる必要もなかったのであろう。

ルネサンス期の人文主義者たちも、世襲君主が原則的には有徳に振る舞うべきだと考えていたが、世襲君主も、状況次第では有徳には振る舞えないということを認識していた。すでに示したように、ペトラルカは、君主が他者に愛されねばならないという基本方針を打ち出しているが、しかし、彼によれば、もし君主が正義の友であるならば、君主は、悪人には恐れられねばならない。すなわち、君主は、一部の臣民には恐れられなければならないのである。ペトラルカは、君主に慈悲深さを強く勧めているものの、この訴えが誰も処罰するなという主張ではないと論じ、免罪の対象を不注意や過失による犯罪の場合に慎重に限定している。ペトラルカは、君主が犯罪者に慈悲深くあるならば、たとえそれが少数であったとしても、臣民の大多数に害を及ぼすこととなり、結果的には重大な残酷さを到来させるだろうと警告している。この主張は、わずかな残酷さが結果的に慈悲深さをもたらすことになるという主張に他ならない。

マイオも、臣民の他者への危害行為を君主がそのままに放置することを戒めている。彼は、キケロらの議論を引用する形で「危害に対する危害とは、危害ではなく、以前になされた危害に対する正しい裁き」であり、また、「人を殺害することは、正義の秩序のために必要である」とさえ論じている。彼は、状況によっては人間を殺害しなければならないという現実主義的な教えを読者に提供しているのである。彼がキケロを引用しているとすれば、彼は、キケロもまたその教えを説いていると理解していたことになろう。さらに、君主が恐れられねばならないという主張は、アエギディウスの著作にも見出せる。彼の考えでは、支配者は、臣民を処罰し、彼らに恐れを抱かせねばならないのである。

『君主論』の常識的な助言

実のところ、『君主論』でのいくつかの助言は、テクストを注意深く読むならば、かなり常識的な内容である。すでに見たように、第一七章によれば、君主は、残酷でなければならない。しかし、マキァヴェッリはそこでは、君主が一部の人間に処刑を言い渡すという意味で残酷であるべきだと主張しているにすぎない。彼によれば、逆に、犯罪者を処罰しない「慈悲深い」君主は、殺戮や略奪を出来させることになり、結果的に残酷になろう。マキァヴェッリはペトラルカらと同様に、結果的に慈悲深くなければならないと進言しているのである。たしかに君主が残酷たるべきだという命題それ自身は、衝撃的に聞こえるが、その内実は、伝統的な「君主の鑑」論と同じである。一部の解釈とは異なり、マキァヴェッリは、君主がつねに残酷であるべきとも、臣民一般に残酷であるべきとも主張していないのである。

気前良さという徳目についても同様である。『君主論』第一六章の推論によると、君主が気前良いならば、自らの財産を使い果たすことになり、貧窮に陥ることとなる。気前が良いという評判を君主がなおも保とうとするならば、臣民に重税を課すこととなり、最終的には彼らの財産を強奪するという事態になりかねない。マキァヴェッリはここでも、君主が結果的にけちではなく、気前良い人物となるよう助言していることになる。その意味では彼は、新君主に有徳な人物であることを勧めているのである。

この議論も、古代のキケロの主張の繰り返しである。キケロの『義務論』によれば、気前良い施しは、略奪へと向かわせる。なぜなら、施しによって貧窮すれば、他人の財産に手をつけざるをえないからである。適度に施すことが吝嗇という悪徳だと定義すれば、キケロもまた悪徳を勧めていることになる。臣民に重税を課す君主とは専制君主に他ならないという見解は、少なくともアリストテレス以来の伝統的な見解である。マキァヴェッリも、この伝統に沿っていると言えよう。

もっとも、人文主義者ポッジョ・ブラッチョリーニのように、「気前良さ」とは定義上、浪費を意味しないとする人物も少なくなかったであろう。だとすれば、彼とマキァヴェッリは、言葉の用法は異なるにせよ、内容上は見解を共有していると言いうる。すなわち、浪費するほどの気前良さは、マキァヴェッリとその他の知識人のいずれも否定しているのである。

マキァヴェッリは、信義という徳目についても伝統的な主張を継承しているように見える。キケロは、たしかに敵に対してですら約束を守るべきだという原則を提示しているが、約束がいかなる時にも守られねばならないとまでは主張していない。彼によれば、預かったものを時には返す必要がないのと同様に、時には約束を破るべきである。同様にマキァヴェッリは、君主がつねに約束を破れとは主張していないことに留意すべきであろう。彼の表現では、「賢明な君主は、自らの不利になる場合や、約束した際の理由がすでになくなった場合には約束を守れないし、守るべきではない」。プラティーナも、信義は守られねばならないが、このことは、万人の共通の敵たる略奪者や盗賊、また、敵対者には妥当しないと論じている。

柔軟性の主張

すでに本書第二章で示したように、マキァヴェッリによれば、「君主に留まりたいと思うならば、良くない人間となりうることを学び、また、必要に応じてこの態度を行使したり行使しなかったりできなければならない」。逆に言えば、君主は、状況次第で善人でなければならないと考えられているのである。「君主は、運命の風向きと、それが命ずる事態の変化に従い、変幻自在の気構えを持つことが必要であり、また、前述したように、可能であれば、良いことから離れず、必要であれば、悪にも入り込んでいかねばならない」。このようにマキァヴェッリの考えでは、君主は、状況次第で善悪を使い分ける柔軟性を持たねばならない。

一部の研究は、マキァヴェッリの思想的独自性がこの柔軟な資質の訴えにあると解釈している。しかし、この解釈も、伝統的な議論の内容を踏まえるならば、不適切であることが分かるだろう。伝統的な人文主義者たちもまた、すでに見たように、ある状況では君主が悪を行う必要があると認識し、君主が状況に即して柔軟に対応すべきと考えている。先述のように、キケロによれば、状況によっては約束を破ってもかまわない。ポンターノによれば、君主は、理由、条件、時間、場所に応じて、ある者には厳しく、他の者には優しくしなければならない。彼の表現では、君主は、最大の正義が時には最大の不正であるということを理解しなければならない。このようにマキァヴェッリ以前の政論家たちも、結果的に良き統治であるためにはその手段で悪をなさねばならないことをしっかりと理解していたのである。

ロマーニァ地方の無秩序

マキァヴェッリの同時代人グィッチァルディーニも、善悪の使い分けが必要だと考えている。彼は、「正当に(legittimamente)」地位に就いた君主をマキァヴェッリと同様に「自然な君主」と呼び、この君主が良き人物という評判に値する形で統治しうると論じている。その君主は、マキァヴェッリの「世襲君主」に相当する。グィッチァルディーニによれば、自然な君主や、あるいは、臣民の選挙や意志に基づく統治者には、本性的に無知や邪悪でない限り、あえて悪しく統治すべき理由はない。

他方、グィッチァルディーニによれば、「暴力で権力を獲得した人物は、権力を維持するため、また、疑わしい者たちから自己を守るため、自身が望まないことや嫌悪していることをきわめて頻繁に行わねばならない」と明言している。権力を簒奪した人物、すなわち、マキァヴェッリの言う新君主にとっては、悪の行使は、不可避的である。グィッチァルディーニは、マキァヴェッリから知的影響を受けたことは明らかだが、状況次第で悪をなさねばならないという方針は、彼が『君主論』を読んだためにはじめて認識されたと見る必要はないだろう。

本書で繰り返し指摘してきたように、マキァヴェッリが新君主国を想定した理由は、実際にメディチ家の若者がロマーニァ地方の新君主となろうとしているという認識にある。とすれば、彼がその地方の政治をいかに分析していたかということを把握するのも重要である。彼は、そこが以前から無秩序状態であったと認識している。『君主論』によれば、ボルジアは、その地方が無能な君主たちによって支配されていたため、窃盗・紛争・横暴に溢れていると判断した。その君主たちは、臣民を統治するどころか、彼らを略奪し、彼らに分裂の口実をもたらしていたという。ボルジアは、こうした厳しい状況の地域に統一や平和をもたらそうとしたのである。

グィッチァルディーニも、ロマーニァ地方について同様の認識を抱いている。それゆえに彼の考えでは、ロマーニァ諸国の状況では、秩序の確立のためには専制的支配が不可避的である。彼は実際に一五一六年以降、レッジョやモデナを支配した際に「残酷さ」を遺憾なく発揮した。

彼の地位は、マキァヴェッリの用法では、新君主であり、教皇の好意でその支配者になったのであるから、運に基づいた君主ということになる。グィッチァルディーニはその後、さらにピアチェンツァやパルマの獲得を目論むこととなる。なお、これら四つの都市国家は、一五一五年にマキァヴェッリがジュリアーノの新君主国として書簡で言及していたロマーニァ地方の諸国である。

これまで本書で検討してきたように、助言を要する相手としてマキァヴェッリが想定していた人物は、新君主であり、かつ、このようにそれらの諸国がそもそも無秩序であったとすれば、彼の助言は、単純に邪悪な発想に基づいているわけではないと言えよう。彼の想定している政治状況は、現代の多くの先進国のような比較的安定した状態ではない。それを現代で探すとすれば、革命や内戦が続く過酷な国家や地域に見出さねばならないだろう。マキァヴェッリは『君主論』で、従来の論者たちが例外的としていた状況を正面から論じていることになる。同様の状況を想定する人物ならば、マキァヴェッリやグィッチァルディーニでなくとも、そうした厳しい支配の方法が不可避的だという認識を抱くのではなかろうか。

現実主義者マキァヴェッリ？

多くの解釈者たちは、マキァヴェッリを現実主義者であると考え、彼以前ないし同時代の思想家たちを理想主義者だと位置づけてきた。たしかに現実を直視せず、理想を追い求めていた人々は、当時でも少なくなかっただろうし、そもそも多くの大衆には、政治を考える余裕がなかったであろう。その意味ではマキァヴェッリを現実主義者だと言ってよいだろう。

しかし、マキァヴェッリ以前の政治思想家は、すべて単純な理想主義者ないしユートピアンだったのだろうか。マキァヴェッリは、政治における非道徳を「発見」した人物であるという理解があるが、彼以前の知識人や理論家たちは、すでに見たように、政治的行為には悪徳を必要とする局面があるとはっきりと認識していた。彼らが真摯に政治を考察した人物であったとすれば、現実的な考察がなかったとは思えない。

現実主義者というマキァヴェッリ像は、例えば、サヴォナローラとの対比で描写されてきた。しかし、サヴォナローラがマキァヴェッリ以上に理想主義者であったということは、必ずしも論証されているわけではない。サヴォナローラはフィレンツェ市民への説教の中で、政敵への厳しい対応の必要性を訴えるため、殺害者としてのモーゼと自らを重ね合わせていたし、マキァヴェッリと同様に、旧体制への回帰を企図する者たちを殺害することが不可欠だと考えていた。マキァヴェッリ自身が述べているところでは、サヴォナローラはソデリーニと同様に、敵対心を抱く人間を殺害する必要性を十分に認識していた。ただし、この修道士は、そのために必要な武力を持たなかった。

『君主論』と同様に現実主義的な主張は、同時代人たちの議論に容易に見られる。グィッチァルディーニによれば、「もし人間が善良で思慮深いならば、他者を正しく統治する者は、厳しさよりも優しさを用いるべきであろうが、彼らは大半の場合、善良でも思慮深くもないので、厳しさに依拠しなければならない」。同時代人の知的市民も、粛清や追放を繰り返したフィレンツェ史を知悉しており、政治的混乱をきわめた頃の古代史にも精通していた。このことを踏まえるだけでも、マキァヴェッリが他の同時代人たちよりも冷徹な現実主義者であったと断言することは難しい。

むしろ、マキァヴェッリが市民軍に固執したことは、後世の軍事的推移からすれば、彼の現実的な政治的判断を疑わせる根拠と言えなくもない。また、このこだわりは、ロマーニァ地方で自前の軍隊を形成しようとした際にも見られた。同時代人には、マキァヴェッリが実現可能性の疑わしい計画を実行しようとしているように見えた。ロベルト・アッチァイウォーリは、「マキァヴェッリが歩兵を訓練するよう命じられたこと、また、彼の考えたものが実行されることは、嬉しいのですが、私は、それがプラトンの『国家』のようになりはしないかと案じています」とグィッチァルディーニに述べている。

プラトン批判の伝統

すでに見たように、マキァヴェッリは『君主論』で、想像上の国家を論じた理論家を批判的に論じている。おそらく彼は、プラトンの『国家』を念頭に置いていたのであろう。プラトン的思弁に対する批判は、現実主義者マキァヴェッリという解釈をもたらしている一因である。

しかし、プラトンの議論が非現実的だという主張は、けっしてマキァヴェッリの独自な見解というわけではない。例えば、一世紀ほど前の人文主義者ブルーニは、プラトンら哲学者の議論を「現実的で確実なもの」ではなく、「架空的で想像的なもの」と見ている。また、その後の人文主義者マッテオ・パルミエーリも、「私は、プラトンやその他の優れた才人によって考案・創造された想像上の善良さを描くつもりはない」と述べている。サヴォナローラの時代には、第一書記局長のスカーラが「われわれは、哲学者たちが共和国についてしばしば論じたのと同じように論じるつもりはない」と述べている。

もっとも、すでに古代においてもプラトン的な国家論を批判した人物は少なくない。例えば、キケロは『国家について』で、自らの議論がプラトンの「架空の国家」に関する議論よりも有益だという見解を示している。だが、ここで押さえておくべき議論は、マキァヴェッリが熟読していたリウィウスの『ローマ史』であろう。リウィウスは、人々が支配権への野望を持たないような「想像的国家」を考察した哲学者に批判的である。さらに、マキァヴェッリが読んでいたと考えられるポリュビオスの作品にも、プラトンの『国家』に対する批判がある。

これらの著作を知るルネサンスの人文主義者にとって、プラトンの議論が空想的・想像的だという認識は、むしろ一般的な認識だったのではなかろうか。実際、グィッチァルディーニは、プラトンの描いた国家を「想像上の国家」と呼び、その実現が不可能であることを自明視している。ヴェットーリも、「プラトンによって記述され想像された共和国」を現実的考慮の欠けたものと指摘している。同時代のアントニオ・ブルチョーリやバルダッサーレ・カスティリオーネも、「想像上の国家」に対する批判的見解を示している。これらの議論から判断すれば、『君主論』の主張は、現実主義の伝統に沿っているとすら言える。

三　良き統治という目標

憎悪と軽蔑

マキァヴェッリは、君主が暴力と悪徳にのみ依拠すべきであると論じたわけではない。彼は、新君主が回避すべき悪徳を挙げている。すなわち、君主は、臣民から軽蔑や憎悪を受けることを避けねばならない。彼は『君主論』第一九章で、この問題を本格的に取り上げている。たしかに新君主は、いくつかの悪徳を行使せざるをえず、その際にこうむる汚名を気にかけるべきではない。しかし、軽蔑や憎悪を受ける行為に限れば、それは、権力簒奪ないしその直後のような例外的局面ですら有害無益だと考えられている。

悪評を受けてもかまわないにもかかわらず、憎悪を受けてはならないという主張には、齟齬があるように感じられるかもしれない。しかし、憎悪を受ける理由についてのマキァヴェッリの見解を見るならば、彼の主張は、十分に筋が通っていることが分かる。すなわち、君主が憎悪を受ける原因は、臣民の財産や婦女子に対する貪欲と略奪にあり、マキァヴェッリの考えでは、この種の悪徳の行使は、たんに手短な私的欲望の追求にすぎず、支配権の維持にとって不可避というわけではない。恐れられることと憎悪を受けないことは、両立可能である。

マキァヴェッリは『君主論』第一九章で、君主が憎悪や軽蔑を受けないよう警告する見地から、古代ローマの具体例で自説を補強している。そこで展開されている議論は、皇帝たちの成功と失敗の理由に関する分析である。この分析には二つの基準がある。一つは、憎悪や軽蔑を受けたか否かという基準であり、もう一つは、帝位を簒奪したか否かという基準である。

第一に、君主は、新君主であるか否かを問わず、臣民が憎悪や軽蔑を抱くならば、破滅に至るであろう。マキァヴェッリは、憎悪や軽蔑を招いたゆえに失脚した事例を挙げている。他方、例えば、皇帝セウェルスは、そのヴィルトゥゆえに見事な成功を収めることができた。彼のヴィルトゥとは、ここでは憎悪や軽蔑という悪徳を回避する能力をも意味していると言えよう。

注目しておきたいのが第二の分析基準である。それは、皇帝が簒奪者であるか否かというものである。マキァヴェッリの説明では、皇帝の地位が簒奪に基づく場合、換言すれば、皇帝が新君主である場合、一定の残酷な手法を採らざるをえない。彼の議論によれば、残酷な手法を用いなかった皇帝たちは、ペルティナクスやアレクサンデルのように失脚することとなった。彼らは、「正義の愛好者、残酷の敵対者、人間味溢れ、憐れみ深い」人物であった。他方、ライオンの獰猛さとキツネの狡猾さを兼ね具えていた新君主セウェルスは、陰謀や策略を行使し、見事な成功を収めた。

逆に、帝位が臣民たちの同意を得ている場合には、マルクスのように美徳を具えていても成功を収めている。むしろ、そうした正当な皇帝たちは、世襲君主と同様に、美徳を具えていたゆえに成功したと考えられている。他方、君主がコンモドゥスのように世襲君主であるにもかかわらず、残忍であれば、命取りになる公算が高い。ここで再確認しておきたいのは、支配者が権力簒奪の有無に応じて異なる行動方針を採るべきだというマキァヴェッリの認識である。

ペルティナクスとアレクサンデルは、新君主であるゆえに、相続法で帝位を継いだマルクスを模倣しても有害無益であった。同様に、カラカラ、コンモドゥス、マクシミヌスにとって、セウェルスを模倣することは、きわめて危険であった。というのも、彼らは、セウェルスの足跡を追うだけの力量を持っていなかったためである。それゆえ、新君主国の新君主は、マルクスの行為を模倣することはできないし、セウェルスの行為に従う必要もない。セウェルスからは、支配の基礎を作るために必要な部分を学び取り、マルクスからは、すでに揺るぎなく安定した支配権を維持するために有益かつ栄光ある部分を学び取らねばならない。

この一節の最初でマキァヴェッリが述べているように、新君主であるならば、正当に地位に就いた君主を模倣しても無駄である。「新君主は、マルクスの行為を模倣することはできない」。ところが、この一節の後半では、新君主は、同じく新君主であったセウェルスの行為に従う必要がないとされている。しかも、その直後には、セウェルスからは「支配の基礎を作るために必要な部分」を学び取らなければならないとも述べられている。これは、何を意味するのだろうか。

まず、「セウェルスの行為に従う必要もない」のは、その他の皇帝たちが彼のような力量を持たなかったからであり、この場合のヴィルトゥとは、彼の個人的な資質とともに、軍事力を指すのであろう。マキァヴェッリの説明では、セウェルスは、帝位に就く前にすでに軍隊を統率していた。新君主セウェルスは、『君主論』第六章で提示された君主、すなわち、力量に基づいて君主となった人物に近いと言えよう。そのため、軍事力を持たない新君主は、軍事力に立脚した彼の行為をそのまま模倣することはできない。

他方で、読者が学ぶべき部分、すなわち「支配の基礎を作るために必要な部分」とは、軍事力の形成であろう。それゆえ、支配の基礎たる軍事力が形成された後、セウェルスの行為を習うこともできるかもしれない。なお、マキァヴェッリによれば、現代の君主たちは、古代の皇帝とは異なり、兵士に配慮する必要がほとんどないため、この点でも彼を模倣することはできないだろう。

長期的視座からの助言

右で引用した一節でさらに注目したいのは、最後の部分である。マキァヴェッリによれば、読者は、支配の基礎を形成した後、世襲の皇帝であるマルクスに習わねばならない。そこで追求すべきは、権力の安定化と「栄光」の獲得である。新君主は、少なくとも体制が安定するまでは、残酷さや策略を行使する覚悟が必要である。新君主はその時点では、悪評をも獲得することとなり、これは、名誉や栄光を獲得している状態と両立しがたいだろう。しかし、「栄光ある部分」をマルクスから学ばねばならないという右の一節から判断すれば、君主は、長期的にはこれらの価値を追求しなければならないことになろう。

さらに、マキァヴェッリの考えでは、新君主は、安定的な制度を構築しなければならない。

彼が読者メディチ家の利益を真摯に検討していると考えるならば、長期的視座から権力の安定化のための制度構築を視野に入れていると見るべきだろう。従来の一部の解釈とは異なり、マキァヴェッリは、秩序や安定的制度の構築が不可能だと考えているわけではない。

新君主が安定的な制度を構築することが望ましいという考えは、マキァヴェッリが『君主論』第一九章でフランスの国制を例示している事実からも読み取れる。しかもその制度は、権力を相互に牽制する機構である。たしかに彼は、フランスを他の側面では必ずしも高く評価しているわけではないが、その国制については肯定的に評価している。マキァヴェッリは、フランスのような絶対王政をメディチ家に推奨していると解釈されていたが、この解釈は適切とは言いがたい。彼は、右に見たように、フランスのような絶対王政が望ましいとは考えていないし、そもそもそうした王政がそこに樹立されているとも見ていないのである。

さらに同じ第一九章によれば、新君主は、長い目で見れば、多数の臣民の安寧を目指さねばならない。大多数の人間は、自らの財産や名誉さえ奪われなければ満足する。それゆえ、権力を求める者とは、少数の野心家にすぎない（この「臣民」は、共和国の「市民」とは異なる性質であるように見える）。したがって、君主は、マキァヴェッリによれば、民衆が自らに好意的である場合には、反乱を気にかける必要はない。

ここで提示されている状態は、『君主論』第三章で描写されていた状態、すなわち、君主が権力簒奪の過程で臣民に危害を加えたゆえの混沌状態とは大幅に異なっている。マキァヴェッリは、「適切に秩序づけられた国家や賢明な君主は、貴族を絶望させず、かつ、民衆に満足と安心を与えることに尽力してきた」と論じている。彼は、これらの議論で国家や君主の模範的なあり方を提示し、読者をそこへと導いていると言えよう。

臣民の武装化

君主は、長期的にはいかなる統治を目指すべきか。この視点が『君主論』に組み込まれていることは、臣民の武装をめぐる議論からも確認できる。マキァヴェッリは第二〇章で、臣民の非武装化を批判し、むしろ彼らを武装させる方策を勧めている。彼は、この方策の是非が個々の具体的状況によるため、一概に判断することはできないと述べつつ、臣民の武装化が望ましいという見解を示しているように見える。

マキァヴェッリによれば、「新君主がその臣民の武装を解いたことはない。むしろ、新君主は、臣民が武装していなければ、つねに彼らを武装させてきた」。歴史はむしろ、新君主が臣民を武装させた事例で溢れているという。マキァヴェッリのこの主張に誇張があることは明らかだろう。『君主論』全般に見出せる難点は、彼が自らの主張に都合の良い歴史的事例のみを挙げるところにある。もっとも、当時の多くの人文主義者は、必ずしも歴史的対象を客観的に論じたわけではない。マキァヴェッリは、事実を客観的に表現するという意味での近代的な科学者だったわけではない。

臣民を武装させる政策は、もし首尾よく行けば、臣民を君主の兵力にすることができる。しかしながら、その政策は、君主の当初の意図とは逆に、君主に対する脅威になりかねないのではなかろうか。そもそも新君主国とは、『君主論』第三章の議論に従うならば、臣民が積極的に武装抵抗する状況だったはずである。この状況で臣民を武装させるべきだろうか。

マキァヴェッリは、おそらく読者のこうした疑念を想定しながら、次の二点を補足している。第一に、自らの国家に新しく別の国家を併合した場合には、征服の際に積極的に支援した者たちを除き、新しい臣民をすべて非武装にしておかねばならない。なお、新君主は、その支持者たちの力を時とともに弱体化させ、本国で君主の側にいた軍隊が国家を支配するよう整えなければならない。

第二に、完全に新規に獲得した国家の場合、新君主は、必ずしもすべての臣民を武装させる必要はない。マキァヴェッリによれば、たしかに臣民すべてを武装させることが望ましいが、これが無理であれば、一部の臣民を武装させるべきである。彼の考えでは、一部の臣民を武装させ、彼らに恩恵を施すならば、その臣民は、彼ら以外の臣民との違いを認識することになり、彼らは、君主に恩義を感じるだろう。

しかし、このように君主が一部の臣民に恩恵を与えれば、本当に武装した臣民が君主の支持者になるのだろうか。新君主は、いかに新君主国で自前の軍隊を形成できるか。これは、すでに本章で指摘した問題である。マキァヴェッリの先の補足は、武装した臣民が反乱を起こすのではないかという疑念を十分に払拭しているようには見えない。実際、後年、ロマーニァ地方の臣民を武装化させる案をマキァヴェッリが教皇に申し出た際、グィッチァルディーニは、それに積極的に賛成したわけではなかった。グィッチァルディーニは、おそらく自らがロマーニァ地方を実際に支配した経験などから、その臣民を信頼できなかった。彼からすれば、マキァヴェッリの提案は、あまりに楽観的に見えたのであろう。

だが、新君主が自前の軍隊を形成しうるというマキァヴェッリの議論を整合的に理解する一つの方法は、すでに示したように、新君主国では臣民が積極的に支配者を変えたがるという当初の状況想定には誇張があると解釈することであろう。

簒奪からの時間的経過

マキァヴェッリは、最終的にどのような統治をメディチ家に要請しているのか。この観点から着目すべきは、『君主論』も終わりに差しかかった諸章で、彼が簒奪直後から一定の時間的経過を想定していることである。新君主国であっても、ボルジアの場合のように、比較的短期のうちに当初の無秩序を脱却することができるとすれば、安定的状況が描写されていても不自然ではないだろう。そこではもはや臣民は、新君主への抵抗をさほど試みないだろう。

『君主論』第二〇章によれば、「君主、特に新君主は、支配の開始の際に信頼できると思われた人間よりも、当初は疑わしいと思われた人間の方がいっそう忠実で有益であることが分かるだろう」。マキァヴェッリはここでも、この主張の妥当性がその状況次第であり、一概に論じえないと断っているものの、その結論の根拠を提示している。すなわち、彼の考察によれば、当初、新君主に敵対していた人間は、保身のために誰かに依存しなければならないようになるため、悪評を打ち消すべく君主に忠実に仕えざるをえないというのである。

しかし、新君主は、どのようにしてその人物が信頼できると判断できるのだろうか。たしかにこれを一般的に判断することは難しいだろう。あるいは、当初は疑わしいと見えたが、生活の必要上、新君主に依存せざるをえない人物とは、マキァヴェッリ自身のことであろうか。彼はたんに、メディチ家に愛着を抱いているという自らの個別的事情をここで訴えかけているのだろうか。

そうした個人的訴えがないわけではないだろう。だが、マキァヴェッリはむしろ、この主張が一般的に妥当するかのように論じている。彼の主張によれば、新君主が支配の開始当初に疑わしいと思われた人間を味方にすることは、権力の獲得時に支援した人間を味方にすることよりも、はるかに容易であり、このことは、古代と現代の具体例が示しているという。その歴史的な実例は、示されていないものの、彼の言葉を額面通りに受け取るならば、新君主は、簒奪時に自らに猜疑心を抱いていた人間から、比較的短期間のうちに支持を獲得しうることになろう。

城砦の構築

マキァヴェッリはこの文脈では、君主が臣民と良好な関係を構築するよう勧めていると言える。彼は、城砦を築くことが有益であるかという第二〇章のタイトルで提示した問題にようやく章の最後で取り組んでいる。ただし、この問題に対する結論は、臣民の武装化と同じ原理に基づいている。その結論によれば、民衆から憎悪されていない場合には、城砦は有害である。

マキァヴェッリによれば、君主は、内部からの反乱や外部からの攻撃から身を守るために、慣習的に城砦を建築してきた。彼はここで、この方策が古くから用いられてきたという理由かららいったんはその方策に賛成している。しかし、その後の説明では、現代ではこれに反する事例があり、城砦の有効性は、「時代(tempi)」次第であるという。この主張は、文脈から判断すれば、城砦が過去には有益であったが、現代では無益であるという見解の表明であろう。しかし、続けてマキァヴェッリは、別の論拠をも提示している。すなわち、外敵よりも民衆を恐れている君主は、城砦を築くべきだが、民衆よりも外敵を恐れている君主は、そうすべきではない。「最良の城砦は、民衆から憎悪されないことである」。

ここでマキァヴェッリは、二つの事情を考慮しているように見える。第一に、当時の国際情勢である。彼の説明では、現代で城砦が有益であった例は、フォルリのカテリーナ・スフォルツァの場合であるが、この時期は、まだ外敵が民衆と手を結ぶことはなかったという。第二の事情は、君主に対する憎悪の有無である。マキァヴェッリによれば、「イタリアの女傑」スフォルツァは、最初の時点でこそ城砦によって自らを防衛したが、その後ボルジアから攻撃された際には、城砦は役に立たなかった。というのも、この際には民衆は、外敵と結託したからである。マキァヴェッリは章の最初で、個々の具体的事情に応じて結論は異なると論じていたため、彼がここで想定している具体的事情は、外敵が介入する時代状況と、君主が民衆に愛されているという事情であろう。マキァヴェッリは、この条件下では城砦が不要だと主張していることになる。

国際的な政治状況の変化に関する認識は、同じ第二〇章の別の考察からも看取できる。本書第一章で示したように、その説明では、フィレンツェの先人たちは、ピサを支配するには城砦が必要であり、ピストイアを支配するには党派闘争の利用が必要だとしばしば考えてきたが、マキァヴェッリによれば、この政策は、現在では都市の党派のいずれかが外国勢力と容易に結託してしまうため、通用しない。マキァヴェッリは、イタリアに一定の均衡状態にある場合にはその方法が有効であったかもしれないが、現状はそうした平時ではないため、それは有効ではないと考えているのである。

「良き統治」の要請

第二一章後半の議論によれば、君主は、ある人物に賞罰を与える場合、周囲が驚くような態度を示さねばならない。さらに新君主は、才能豊かな人物、あるいは、有徳な人物を優遇し、臣民や国家全体が繁栄するよう尽力しなければならない。その章の結論部分では、君主が時折、民衆と接触し、自らの「人間性」を示すべきだと訴えられている。この主張は、人間性に反する行為が必要だという行動方針の主張と対照的である。その理由は、もはや残酷さを必要としない安定的状況をマキァヴェッリが想定している点にあろう。

このようにマキァヴェッリがメディチ家の読者に勧めた政治的目標は、けっして専制的支配ではない。従来の研究では、彼が物理的強制力とその恐怖だけで秩序を構築しようと考えていたと解釈されていた。しかし、彼は、自前の軍隊を備えよと助言しているのであるから、この解釈は、成り立たない。すなわち、君主は、自らの個人的実力で軍隊を支配できない以上、もっぱら力に依存する専制的支配では、まさにその軍隊が君主自身への脅威となろう。したがって、物理的強制力のみではいかなる秩序も成り立ちえない。マキァヴェッリは『君主論』で、この意味での専制的支配を読者に要請していない。

本章のこれまでの議論を四点にまとめてみよう。第一に、『君主論』の独自性は、権力簒奪を想定し、そこでの君主の振る舞いを本格的に構想したところにあるが、その状況で要請されているヴィルトゥの中心は、暴力や悪徳である。第二に、他方でマキァヴェッリが世襲君主を想定しながら提供している助言では、君主の具えるべき資質は、伝統的な論者と同様に徳である。伝統的な政治理論家たちは、支配の正当性のある安定的な状況を念頭に置いていたために、君主が有徳さを具えるよう進言していた。ただし、彼らもまた、新君主国の場合やその他の非常時には君主が悪徳を行使せざるをえないと認識していることには留意すべきである。第三に、マキァヴェッリの助言を慎重に把握するならば、その内実は、さほど衝撃的なものではなく、常識的なものである場合が多い。しかも、彼が新君主国を想定している場合でも、いくつかの特定の悪徳には手を染めないよう君主に警告されている。第四に、新君主が権力簒奪直後の特殊状況を脱却した場合には、悪徳を行使することではなく、臣民と信頼関係を構築することが積極的に勧められている。

ボルジアがもたらしたのは、「良き統治」である。マキァヴェッリの提唱する理想的統治は、国家全体の利益が追求されている状態に他ならない。長期的観点から言えば、新君主に要請されるヴィルトゥとは、徳であると言えよう。このことは、次章で示すように、マキァヴェッリの別の観点からの議論でいっそう明らかになろう。

第四章 フィレンツェの「君主」

ロレンツォ・デ・メディチ
（ラファエロ・サンティ作）

一　極悪非道な君主

ロレンツォ宛『君主論』

本書で論じてきたように、メディチ家は、イタリアでの勢力拡大を狙い、新しい国家の獲得を企図していた。マキァヴェッリが『君主論』第一章から第七章までの範囲で念頭に置いていた主な対象は、教皇領の諸都市であり、それらの諸国は、基本的にロマーニァ地方に属している。また、ロンバルディア地方の諸都市も、彼の視野に入っていた可能性がある。とはいえ、彼のこれまでの類型化を見る限り、第七章までの議論ではフィレンツェは想定されていない。

では、フィレンツェを対象とする議論は、『君主論』から完全に排除されているのだろうか。マキァヴェッリが『君主論』では教皇領における君主国を想定し、『ディスコルシ』ではフィレンツェ共和国を想定していると解釈するならば、彼の二つの著作を整合的に理解できるように見える。しかし、実際にはさほど単純ではない。

ロレンツォ宛献辞を含む『君主論』は、すでに示唆したように、一五一五年二月以降、一五一六年八月以前に完成したと考えられる。これ以前からロレンツォは、新しい諸国を獲得しようと画策してきたが、ジュリアーノの場合とは異なり、フィレンツェの統治にも関与していた。マキァヴェッリは、完成した『君主論』を献呈しようとした時点では、ロレンツォの立場を意識し、この若き読者に祖国の統治に関する助言を与えようとしたと考えるのが自然であろう。

以後に見るように、マキァヴェッリは『君主論』の第八章と第九章で、祖国フィレンツェに的を絞る形で議論を展開している。とりわけ第九章「市民的君主国(principato civile)」は、フィレンツェ共和国との関連なしでは理解しえない。彼は『君主論』で、フィレンツェ統治のあり方をどのように考察しているのだろうか。本章では、この問題を中心に扱うこととしよう。

二つの新しい君主類型

マキァヴェッリは『君主論』第八章の冒頭で、さらに二つの君主類型を示している。彼によれば、一つは、極悪非道な手段で君主となった人物であり、もう一つは、他の市民の後押しによって君主となった人物である(図6参照)。それら一対の君主類型は、それぞれ第八章と第九章で扱われている。

マキァヴェッリは『君主論』第一章以降、例えば、国家を君主国と共和国に二分したように、しばしば対照的な類型を提示していた。第六章と第七章でも、すでに見たように、権力の獲得方法が自己の力量に基づいていたか否かという観点から二分されており、マキァヴェッリは、

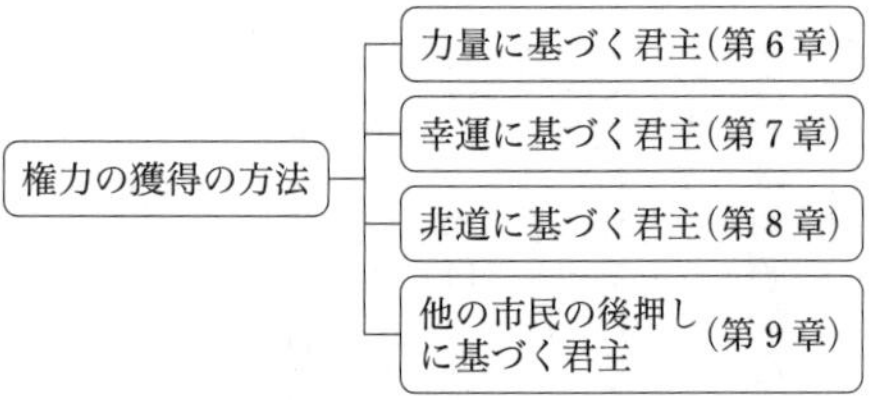

図　6

この分類に基づきながら具体的な考察を展開していた。すなわち、自らの力量で権力を獲得した君主は、その獲得段階では困難が伴うものの、それを維持する段階では困難はほとんど生じない。他方、幸運で権力を獲得した君主には、逆のことが妥当する。そのため、マキァヴェッリは、後者の君主に武力の保有を訴えていた。

　このようにマキァヴェッリは、第六章と第七章で一対の対照的な君主類型を提示しているため、読者は第七章の読了の時点で、力量の有無という観点からの議論が終了したと想定するだろう。ところが、彼は第八章の冒頭で、「一私人から君主になるには、さらに二つの様態があり、それらは、全面的にはヴィルトゥにもフォルトゥナにも帰することができないため、ここで触れないわけにはいかない」と論じている。

　しかし、ヴィルトゥやフォルトゥナを『君主論』のこれまでの議論と同様に、自力と他力という意味で理解する限り、どのような君主もそのいずれかに分類できるため、それ以外の君主は、存在しないはずである。その意味ではヴィルトゥとフォルトゥナに帰属しない君主がいるという主張は、奇妙である。ただし、「全面的には」という部分を重視するならば、ヴィルトゥとフォルトゥナの両極端の間に位置づけられる君主がいるということになろう。

とすれば、第八章と第九章の君主たちは、力量の程度において従前の二つの君主類型のいずれとも異なっており、それら二種類の君主たちは、第六章と第七章の君主たちを両極とするならば、その中間的な範囲に位置づけられていることになる。第八章と第九章における二種類の君主たちは、若干の差があるにせよ、いずれも一定の力量を備えている君主であり、逆に言えば、いずれも一定の幸運にも依存している君主である。実際、第八章で例示されているアガトクレスたちや、第九章で例示されているナビスのような君主たちは、いずれも自らの力量と他者の力(つまり幸運)との双方に依存した人物として描かれている。この見方からすれば、第八章と第九章の君主たちと、第六章と第七章の君主たちとの間には、質的な相違はないということになる。

ヴィルトゥの意味転換

このようにマキァヴェッリは第八章でも、ヴィルトゥという言葉を力量という従前の意味で用い続けている。ところが、彼は第八章の議論の途中で、その言葉の意味を転換させていることが分かる。

同胞市民を殺害し、仲間を裏切り、信義や慈悲心や宗教心を持っていないことをヴィルトゥ〔徳〕と呼ぶことはできない。そうした方法で支配権を獲得することはできるが、栄光を獲得することはできない。アガトクレスが危地に飛び込み、それを脱する際のヴィルトゥ〔力量〕や、逆境を耐え乗り越える際の魂の偉大さを考えるならば、他のきわめて卓越した指揮官に劣っているとは思われない。しかし、その無数の非道を伴った残酷さや非人間性は、彼がそうしたきわめて卓越した人間として称賛されることを許すものではない。彼がフォルトゥナやヴィルトゥによらずに成就したことをそのいずれかに帰することはできない。

引用中の最初の「ヴィルトゥ」は、文脈から判断すれば、明らかに徳（美徳）という意味で用いられている。しかし、その次のヴィルトゥは、文脈から判断すれば、力量という従前の意味だと解釈せざるをえない。このようにマキァヴェッリは、この一節でヴィルトゥという言葉を連続して用いているにもかかわらず、それに異なった意味を与えている（最後の「ヴィルトゥ」を徳と力量のいずれであると理解すべきであろうか）。

右の最初のヴィルトゥが徳という意味だとすれば、マキァヴェッリは、力量の有無ではない別の基準、換言すれば、従前の分類基準とは質的に異なる基準を採用していることになる。この新しい基準から議論を展開する理由は、極端な力量、あるいは、極端な運に基づく君主を排除することだけでなかったことになろう。

すでに指摘したように、第七章までの議論でヴィルトゥとは、権力の簒奪や維持の能力を意味している。その文脈では、ヴィルトゥとは、他力とは対立する概念、つまり自力を指し、武力と換言されている。というのも、武力を備えることが運の変転を免れると考えられているためである。マキァヴェッリの考えでは、新君主国ではヴィルトゥの行使は、悪徳という意味をほとんど不可避的に伴わざるをえない。さらには、先述のように、武装せざる君主は、物理的強制力が不足する分だけ策略などの悪徳を要するだろう。

ところが、先に引用した一節の最初では、ヴィルトゥは、徳であり、この用法は、伝統的ないし一般的な「君主の鑑」論の用法を継続していることになろう。しかし、ここで重要なことは、マキァヴェッリの語意の非一貫性を指摘することそれ自体ではない。留意しておくべきは、『君主論』という一著作の中に、他力に対する自力という意味のヴィルトゥ概念とは別に、対立的な二つのヴィルトゥ概念、すなわち、悪徳と美徳の概念が登場していることである。

転換の理由

マキァヴェッリが従前と同じヴィルトゥという用語で分類を再開したことには、彼にとって重要な意味がある。彼がこのように語意の非一貫性という形式上の難点を抱え込むにもかかわらず、徳という意味でヴィルトゥを用いた理由は、差し当たり、次の二つが挙げられよう。

第一は、君主が非道な行為それ自体を目的とすることを非難するためである。新君主の場合、少なくとも権力の簒奪過程とその直後には残酷であることはほとんど不可避である。君主は、良く思われたいという動機のために残酷な行為を差し控えるならば、破滅に至るだろう。とはいえ、マキァヴェッリからすれば、君主が残酷さの行使そのものを喜びとすることがあってはならない。君主は、悪しき快楽を追求してはならないのであり、君主が本性的に悪しき人物であることは非難に値する。

第二に、君主がこのように本性的に非道な人物ではなく、権力の維持のために暴力を行使している場合でも、マキァヴェッリの考えでは、残酷な行為の恒常化には歯止めをかけねばならない。第八章の議論によれば、シチリアのアガトクレスは、低い出自の一私人であり、「残酷さや非人間性」に基づいて君主となった人物である。ところが、マキァヴェッリはその章の後半で、残酷な君主の多くが戦時にはもとより、平時においてさえ支配を維持できていないのに、なぜアガトクレスが権力を安定的に保持しえたのかという疑問が読者から提起されうると論じている。この疑問の紹介が意味するのは、残酷な行為が通常の統治においては有効ではないということをマキァヴェッリ自身が同時代人と同様に確信しているということである。

アガトクレスが自らの支配を安泰にした理由は、残酷さの適切な使用法に求められている。マキァヴェッリによれば、残酷さが「立派に使われたと呼びうるのは――悪についても立派だと呼ぶことが許されるならば――、自らの支配権を守る必要上一挙にそれを用い、後にはそれに固執せず、できるだけ臣民の利益になるよう転換された場合である」。このようにマキァヴェッリがこの一節で君主に勧めているのは、残酷な振る舞いをむやみに継続しないこと、さらに、公的利益(国家全体の利益)の追求という政策へと方針を転換することである。

この第八章の結論は、マキァヴェッリに要約させるならば、「権力を奪う場合、征服者は、不可欠なすべての加害行為を検討し、それを毎日繰り返す必要がないよう一度ですべてを断行するべきであり、それを繰り返さないことによって人々を安心させ、人々に恩恵を施すことができるようにすべきである」という一点である。この主張は、新君主の目的が暴力的支配の継続であるということを明確に否定している。このようにマキァヴェッリにとって適切な支配とは、一部の解釈とは異なり、物理的強制力とそれに基づく恐怖による支配のみというわけではない。むしろ、彼の考えでは、可能な限りそれらに依拠しない統治が望ましい。この統治は、たんに道徳的に正しいという理由のみならず、君主の権力維持にとって合理的であるという理由からも勧められているのである。

マキァヴェッリは第八章以降の数章では、権力簒奪直後の危機的状況における振る舞いにはさほど関心を寄せていない。すなわち、第八章で登場する君主たちは、たしかに権力簒奪の過程で暴力によって臣民を傷つけており、新君主と言えるものの、その行為から当然予想される新君主国の困難は、ここではもはや指摘されていない。君主には残酷な行為が不可欠であるという主張も、ここでは差し控えられている。むしろ、同章の議論は、全体のトーンとしては残酷さの行使に批判的である。マキァヴェッリがヴィルトゥの意味を徳へと変換した第二の理由は、暴力の継続への警告にある。

アガトクレス描写の非一貫性

このようにマキァヴェッリは、ボルジアの行使したような悪徳の必要性を強調したものの、それを無際限に行使してもかまわないという誤解を読者に与えないようにしている。しかしながら、残酷さの継続に対する警告は、第八章全体の趣旨からすると、補足的であるように見える。

アガトクレスは、第八章前半の叙述から判断すれば、残酷さを「立派に」用いた人物というより、ほぼ本性的に極悪非道な人物として描写されているようである。実のところ、アガトクレスに関する記述には、注意深くテクストを読むならば、前半と後半で若干の齟齬があると言わざるをえない。マキァヴェッリは第八章冒頭で、アガトクレスが「人生の各段階で非道な生き方をつねに送った」と述べている。さらにこの君主は「人生」において「つねに」、あるいは、少なくない期間にわたって、悪徳を行使したと叙述されている。アガトクレスの特徴は、先に引用したように、「無数の非道を伴った残酷さや非人間性」にあると説明されている。

ところが、『君主論』第八章の結論部分ではアガトクレスの「無数の裏切りや残酷さ」は、彼の支配の開始時期に限定されていたことになっている。そこからマキァヴェッリが導き出すのは、非道な手段は効率的に用いられねばならないという先述の結論である。同章後半は、読者が自らに投げかけるであろうと推測される疑問、すなわち、なぜ非道なアガトクレスが長期的に安泰であったかという疑問を解明するためにのみ付加された感がある。マキァヴェッリがアガトクレスの例を利用した理由は、第八章全体から判断すれば、残酷さの継続に制限をかけることだけではなかったように見える。その当初の理由はむしろ、次に見るように、ある具体的な政治状況では、悪徳の行使それ自体が望ましくないという信念にあるのではなかろうか。

二　市民的君主

フィレンツェ共和国への絞り込み

徳という意味のヴィルトゥで改めて君主を分類した第三の理由は、マキァヴェッリがフィレンツェの政治状況を想定していることにある。彼には「同胞市民（suoi cittadini）」への非道な行為それ自体への反感があるように思われる。この同胞市民という言葉の使用からもうかがえるように、彼は、その議論では祖国フィレンツェを視野に入れている。たしかにこの範囲では、都市名が示されていない。しかし、もしロレンツォなどの当時の読者が容易にその対象を把握できたとすれば、都市の名称をあえて明記する必要はないだろう。

現代の読者には分かりにくいが、『君主論』第八章と第九章の類型化それ自体がフィレンツェの政治状況を浮き彫りにするための理論的営為である。まず、着目したいのは、この二つの章で扱われている対象がもともと共和政の国家であったことである。第八章と第九章では、権力の獲得が非道による場合と、他の市民の支援による場合が考察されているが、マキァヴェッリは、すでに書記官時代にこの分類をピサ共和国の分析の際に行っている。同じ図式は、後年の『フィレンツェ史』においても繰り返されることとなる。もっとも、そうした図式は、例えば、サルターティ、サヴォナローラ、グィッチァルディーニが共和国の権力簒奪に関する分析で使用しており、その類型化の作業自体が共和国を分析するための一般的な手段であったと考えられる。

実際、『君主論』第八章と第九章では、「共和国（repubblica）」や「市民（cittadino）」といった語彙が頻繁に見出される。第七章までの議論では、被治者を示す場合には「臣民（sudditi）」という言葉が使用されていたが、共和国の併合を考察した第五章を除けば、市民という言葉は、第八章で初めて登場する。実際、マキァヴェッリはそこで、アガトクレスの登場するシラクサを共和国と呼んでいる。しかも彼は第九章で、貴族と民衆のいずれの支持を受けたのかという基準で権力獲得の方法を分類しており、マキァヴェッリの『フィレンツェ史』での指摘から明らかなように、二つの階級の対立は、彼にとっては、共和国に固有な現象である。

さらに言えば、第八章と第九章では「祖国(patria)」という言葉が登場する。当時の通常の用法では、祖国とは、イタリアではなく、「都市国家(città)」を指す。祖国という言葉は、『君主論』の国家分類論では、共和国に関する章、すなわち、第五章、第八章、第九章、第一〇章において集中的かつ頻繁に登場している。しかもマキァヴェッリは、例えば、『ディスコルシ』第三巻第六章などから明らかなように、「パトリア」という言葉を何ら定義せずに共和国の意味で用いている。とすれば、彼は、パトリア(祖国)という言葉の使用が当時の読者に共和国という意味をも伝えうると想定していたことになろう。

当時の政治的背景から消去法的に考えても、併合する形での共和国の支配を別とすれば、共和国に関する議論がフィレンツェを対象としていることは明白であろう。すなわち、彼自身がイタリアで主要な共和国と考えているのは、フィレンツェを除外すれば、ヴェネツィア、ルッカ、シエナ、ピサなどである。しかし、これらの都市の権力獲得について祖国という言葉を交えながら論じることは、メディチ家に実践的な意味を持ちえたとは考えがたい。メディチ家は、いったんは亡命したとはいえ、彼らにとっての祖国は、フィレンツェ以外にはないだろう。このように当時の読者であれば、第八章と第九章の議論がフィレンツェを対象としていることは、容易に理解できたのである。

加筆の可能性

マキァヴェッリは、一五一三年末にジュリアーノ向けの『君主論』を執筆していたが、その後、ロレンツォに献呈先を変更した際、ジュリアーノへの献呈の際に想定していなかった新しい事情を考慮する必要があった。その事情とは、改めて言えば、新しい読者ロレンツォがフィレンツェの統治者の一人だったことである。そこで彼は、第八章以降の数章を改めて著作に付加した可能性がある。この著作の次の二つの難点は、この経緯の表れであろう。

第一に、マキァヴェッリは『君主論』第一章で、第二章以降の国家分類論の見取り図を予示しているが、彼は、この縮図ではその後の国家分類論のすべてを提示しているわけではない。すなわち、その見取り図には、支配権の獲得が幸運に依存した場合の議論、つまり第七章までの範囲しか含まれていない。マキァヴェッリが第一章の執筆時点で第八章から第一一章(本書一九〇頁参照)までの議論を構想していたとすれば、なぜ彼は、第八章から第一一章までの諸章の内容を第一章の見取り図で示さなかったのだろうか。彼は、ジュリアーノ宛に君主に関する著作を執筆していた際、第七章までの分類で十分だと考えていたのではなかろうか。

第二に、国家分類論の前半と後半の議論展開がいくつかの点で屈折していることである。第一章から第七章までの範囲は、第一章での見取り図に即した形でスムーズに展開していると言えるが、その後の範囲の議論は、すでにヴィルトゥ概念を検討してきたことからうかがえるように、けっして明瞭というわけではない。

仮に『君主論』の議論が第七章から第一二章へと直接的に推移したと考えてみるならば、その議論は、第八章から第一一章までの範囲を含んだ場合よりも、はるかに明快である。すなわち、マキァヴェッリは、第六章で自らのヴィルトゥで君主となった人物に触れた後、第七章では対照的に他者のヴィルトゥに依拠した君主を扱い、軍事力を確保する必要性を訴えていた。その後、自前の軍隊に関する議論が第一二章以降で本格的に展開されている。だとすれば、議論の流れはきわめて自然である。しかしながら、われわれが目にする『君主論』には、第八章から第一一章までの四つの章がある。

マキァヴェッリは、その議論がさほど難解でないにもかかわらず、執筆中に議論が混乱するほどに稚拙な著述家だったのだろうか。彼の議論のこうした屈折は、その叙述能力の欠如から生じているわけではないだろう。彼は、執筆開始の時点では予定のなかった対象に関する考察を開始し、しかもそれを第七章までとは重大な齟齬が生じない形で展開したのではなかろうか。この見方には厳密な意味での書誌学的な根拠はないが、第八章以降の数章は、ロレンツォへの献呈を企図した際に改めて挿入されたという可能性は排除できない。

フィレンツェの「君主」

第九章の国家類型「市民的君主国」は、フィレンツェにおけるメディチ家の立場と符合する。すでに検討したように、第七章までの議論は、フィレンツェでのメディチ家の権力獲得の様態に一致するようには見えない。次に見るように、それに一致する類型は、第八章と対比される第九章の君主類型である。

前述のように、マキァヴェッリは第八章以後で、力量ないし幸運に「全面的には」依拠していない君主類型を扱っている。フィレンツェにおけるメディチ家の権力獲得は、ある程度は力量にも幸運にも依拠しており、そのため、同家の立場を読者にいっそう明晰に認識させるのは、十全な力量の有無という基準ではない。その立場をより明確化する分類方法は、むしろ、支配者が権力獲得において非道に基づいたか、あるいは、他の市民の好意に依存したかという、共和国をめぐる基準であろう。

第八章から第九章への展開は、それ以前の議論と同様に、特定の政治状況に的を絞る形でなされていると言える。両章の君主を分類する基準は、厳密には必ずしも相互排反的というわけではないように見えるが、そこには、少なくとも次の三つの分類軸が含まれている。

第一に、武力の意味でのヴィルトゥの程度という基準であり、これは、すでに見たように、従前の二つの章で示されていた基準と質的には違わない。事実、メディチ家は、忠実な軍隊と呼びうるほどの軍事力を持っていたわけではない。だが、教皇の親族が君主になる場合とは異なり、同家が完全に他者の力量に依存していたとも言えない（ただしロレンツォ個人の場合であれば、完全にそれに依存していたと見ることはできよう）。第二に、国内における積極的な支持母体の有無である。メディチ家は、スペイン軍の力に加えて、他の市民の好意に基づいてフィレンツェに帰還していた。すなわち、ソデリーニに敵対していた有力市民やメディチ派からの支持である。第三に、同胞市民への加害行為の有無である。メディチ家は、フィレンツェ復帰の際に同胞市民に対して暴力を用いたわけではない。権力獲得後の政治的安定を考慮する際に、この第三の要素の有無がきわめて重要となろう。

これら三つの点から判断すれば、フィレンツェ復帰後のメディチ家は、第八章の君主類型と対比された君主、すなわち、第九章の「市民的君主」に合致することが分かる。マキァヴェッリは、このような見地から新たな類型を提示し、フィレンツェでのメディチ家の立場を的確に表現しようとしたと考えられる。

マキァヴェッリは第七章までの議論では、主にロマーニァ地方における教皇領の一部を念頭に置き、これら遠方の諸国で有効と思われる助言を提供してきた。たしかにそこでの暴力的支配は、彼自身やフィレンツェの同胞市民に対するものではない。そのため彼は、その支配様式が統治の合理性を損ねるとは判断したとしても、個人的心情から他国でのその非道な支配に多大な関心を寄せることはないだろう。

しかし、フィレンツェ市民マキァヴェッリは、祖国における非道な行為や暴力的支配を許容しただろうか。もし彼が議論の対象を「同胞市民」や家族の暮らす祖国へと移しているとすれば、むしろ非道な行為を支配者に回避させるか、あるいは、もしそれが不可避的であるならば、必要以上に用いないよう警告すると考えるのが自然であろう。

マキァヴェッリが徳という意味でのヴィルトゥを要請した理由は、統治の合理性という観点から暴力の行き過ぎを戒めるためだけではなかった。『君主論』にはフィレンツェ統治に対する積極的なメッセージがあり、そのメッセージとは、次節でいっそう具体的に見るように、公的利益を追求せよというものである。ヴィルトゥという用語の意味転換の第三の理由は、フィレンツェを考察の対象としているがゆえに当然生じる要求、すなわち、統治者は徳を具えねばならないという要求を示すためである。

三　フィレンツェの統治

「武装せる君主」と「極悪非道な君主」

以後では、『君主論』の類型化の作業を再び辿ることで、マキァヴェッリが理想とし、かつ、読者に訴えようとしている統治のあり方を明らかにしよう。彼が祖国フィレンツェの支配者に求めているのは、ロレンツォの権力維持のみならず、その国家を繁栄に導くことである。

第八章の視点から第七章までの議論を振り返るならば、すでに指摘した点を除外しても、マキァヴェッリの主張に明徹さが欠けていると見えなくもない。第六章で列挙されたモーゼやロムルスなどの立法者(建国者)たちは、武装という点で模範に値する新君主であり、武力の行使ゆえに成功したのだが、その行為は、残酷さを伴っていたことになる。しかし、第八章の君主アガトクレスは、すでに示したように、武力を伴うその残酷さゆえに非難に値すると論じられている。彼は、効果的に暴力を用いたにせよ、徳という意味でヴィルトゥを有していない。「その無数の非道を伴った残酷さや非人間性は、彼がそうしたきわめて卓越した人間として称賛されることを許すものではない」。逆に、「きわめて卓越した人間」とは、文脈から明らかに第六章の立法者たちを指すため、その立法者が軍事力という意味でのヴィルトゥとともに、徳という意味でのヴィルトゥを有していたことになろう。

ところが、もしアガトクレスが称賛に値しない人物だとすれば、力量溢れるこの君主たちもまた、悪徳を行使しているがゆえに同様に酷評されるべきではなかろうか。第八章の議論に従うならば、第六章のこの新君主たちは、権力を獲得しえたとしても、栄光は手にしえないだろう。しかし彼らは、ロムルスを除けば、『君主論』最終章でも登場し、いずれも栄光を獲得した人物として描写されている。第六章の君主たちと第八章のアガトクレスらに対する評価の相違は、マキァヴェッリの単純な矛盾や齟齬を表しているのだろうか。結論から言えば、そうではない。

権力簒奪の必要性と動機

両者の評価の違いは、彼らが暴力や悪徳を行使するうえで、自らの民全体に利益をもたらすという善良な動機ないし目的があったか否かという点にあろう。善良さが名誉や栄光と密接な関係を有するということは、容易に推測される。

動機や目的の善良さは、まず、権力簒奪の必要性の有無に関連している。マキァヴェッリの叙述によれば、先に示したように、『君主論』第六章の立法者たちは、それぞれの民が悲惨な状態にあり、そこに自立的な秩序を打ち立てる必要があった。他方、アガトクレス登場時のシラクサの状態について第八章の議論からは十分に明らかというわけではないが、それは少なくとも、先の立法者たちが直面したような悲惨な状態にあったと描写されてはいない。第八章の別の非道な人物例、つまりオリヴェロットについても同様である。マキァヴェッリの考えでは、前述の立法者たちは、民の惨状を克服するために武力を行使し、残酷でなければならなかったが、マキァヴェッリの記述からは、第八章の君主たちにそうした前提条件があったようには見受けられない。

次に、君主たちが悪徳を行使した際の動機を見てみよう。第六章の君主たちの動機は、たんなる私的利益の追求ではない。彼らの行為が高尚な動機に基づいていたことは、特に『ディスコルシ』第一巻第九章の事例から読み取れる。例えば、そこで再登場するロムルスは、マキァヴェッリの理解では、権力の獲得において非道な手段を用いた。とはいえ、その行為は、国家の公的利益のために必要不可欠であった。マキァヴェッリによれば、ロムルスは、弟や同僚の死について許されるに値する。というのも、彼の目的は、自らの野心を満たすことではなく、公的利益の追求に向けられていたためである。実際、モーゼ、リュクルゴス、ソロンといった立法者たちは、公的利益の追求のために権力を獲得した人物として紹介されている。

他方、『君主論』第八章の叙述から判断する限り、アガトクレスが公的利益の追求という動機に基づいて権力を獲得したとは認められない。彼はむしろ、カルタゴとの内通から看取されるように、たんに自分の野心を満たすために行動を起こした。彼の行動は、恣意的に権力を行使したいという利己的欲求に基づいており、彼の私的利益は、公的利益と両立するようには見えない。オリヴェロットは、第八章の記述によれば、むしろ自らの行為が祖国の不利益となることをはっきりと認識していた。

このように、卓越した立法者たちとアガトクレスとの評価を分けている基準は、それぞれの君主の動機にある。ただし、マキァヴェッリは、良き行為や偉業という結果から、善良な動機を遡及的に読み込んでいると見えなくもない。彼は、最初の動機、あるいは、少なくともその動機を推測させる優れた結果から二種類の君主をそれぞれ評価していると言えよう。

右に論じてきたことから判断すれば、マキァヴェッリがフィレンツェの政治的文脈で、徳という意味でのヴィルトゥを用いたことの意味は、いっそう明らかだろう。ヴィルトゥという言葉は、伝統的に徳と能力のいずれか、あるいは、その双方の意味で用いられていた。すでに論じたように、マキァヴェッリは第八章の一部で、徳という意味でヴィルトゥを用いたが、彼は、あえてその言葉の一般的な用法を利用し、読者に善良な行為を促そうとしている。すなわち、フィレンツェの君主は、有徳でなければならない。マキァヴェッリがこの箇所で祖国の統治を念頭に置いていたとすれば、この期待が議論に反映されるのは自然であろう。しかも、フィレンツェでは君主は、ロマーニァ地方の諸国の場合よりもはるかに名誉や栄光を追求することが容易である。

第九章の内容

では、マキァヴェッリは、具体的にはフィレンツェのメディチ家にどのような統治を期待しているのだろうか。『君主論』第九章の議論の内容を押さえておこう。「市民的君主」は、第八章の君主とは異なり、権力の獲得が暴力に基づいているわけではない。むしろ、ある人物が他の市民の支援で権力を獲得するには、「完全なヴィルトゥか完全なフォルトゥナではなく、幸運に依拠する狡猾さ」が必要となる。ここでも、基本的にはヴィルトゥとフォルトゥナは、自力と他力という従前の意味を持ち続けている。すなわち、市民的君主は、党派の一つを利用する狡猾さという一種の能力でその地位を獲得したため、完全に幸運に基づいたというわけではない。

マキァヴェッリによれば、どの都市国家においても見られるように、貴族と民衆の欲求から「君主国、自由、放縦」のいずれかが生じる。この三者のうち「放縦」は、無秩序と換言することができる。秩序が存在する前二者の場合、すなわち、「君主国」と「自由」の状態は、君主国と共和国と言えよう。マキァヴェッリは、貴族と民衆のいずれかの勢力から君主国が生じると論じているので、その章も、君主国と呼びうる対象を扱っていることになる。

市民的君主は、さらに二つの類型へと細分化されている。この分類は、君主が権力獲得の際に貴族と民衆のいずれの勢力に依拠したかという観点からなされており、この論考がフィレンツェ統治の分析であるということは、すでに見たように、都市の内紛の歴史を知る読者にとっては説明を要しない。市民的君主は、第九章の主張によれば、貴族と民衆という二つの勢力のうち、民衆を自らの支持基盤とすべきである。というのも、マキァヴェッリによれば、貴族たちは、自らを君主と対等だと考えるがゆえに、君主が貴族をうまく扱うのは困難だからである。さらに民衆は、数のうえで貴族に優っており、彼らの願いは、たんに抑圧されないことにすぎないからである。

グィッチァルディーニは後年執筆した『マキァヴェッリの『ディスコルシ』に関する考察』の中で、ほぼ同じ問題を扱っている。その議論によれば、君主を目指した人物たちには、貴族と民衆のそれぞれに依拠した場合があり、いずれの場合の成功例も過去に豊富に見出せるため、この問題の結論については一般的な法則を確立することはできない。それゆえグィッチァルディーニは、君主がいずれを選択すべきであるかという問題は、具体的状況を考慮しつつ決定されるべきだと論じている。たしかに、例えば、民衆が数において優っているゆえに君主は民衆を味方につけるべきだというマキァヴェッリの根拠は、貴族が富や権力において優っていると考えるならば、さほど説得的ではないように見える。

しかし、マキァヴェッリは実際には、具体的な政治状況を念頭に置きながら自説を披露しているのではなかろうか。メディチ家は一五一二年にフィレンツェに復帰した際に、民衆よりも貴族の支持に依拠していた。しかも、すでに見たように、メディチ家は、当初は大評議会を存続させようとしていたが、その政治路線に反する有力市民の要請により、寡頭政的な支配へと進んだ。しかし、後述するように、一部の知的市民たちは、フィレンツェがメディチ家復帰以前に民主政を経験しているため、市民たちは寡頭政に耐えられないだろうと考えていた。しかも同家は、伝統的に市民から民衆派に属していると考えられてきたのである。

「民衆に対抗し、貴族の好意によって君主となった人物でも、何よりまず民衆の好意を獲得しなければならない」という助言は、メディチ家に対する市民のイメージや、フィレンツェの政治的伝統および近年の政治情勢に関する具体的な事情を踏まえているように見える。第九章で導かれる結論によれば、君主は、民衆に自らの土台を築くべきである。ここで当時のメディチ家が受けとる実践的メッセージは、支持基盤を貴族から民衆へ変更すべきであるということになろう。

マキァヴェッリは、貴族をさらに二分し、君主に真に忠実な者たちを選択すべきだと助言するほど細やかな気配りを示している。実際、フィレンツェの貴族派の有力者をすべて敵に回すことは現実的ではないし、その中にはマキァヴェッリの友人たちも入っている。さらにメディチ派は、大評議会の存続をめぐる方針の違いにも見られるように、けっして一枚岩だったわけではない。彼の提言は、貴族のうちで君主と運命を共にする忠実な者を味方につけ、政治的野心の強い者を遠ざけるべきだというものであり、この提言は、フィレンツェの政治的対立を知る読者にとっては、純粋に抽象的な問題への対策というわけではない。ここに込められる訴えは、メディチ派の有力市民の忠誠心を吟味すべきだということであろう。

市民的体制の維持

では、メディチ家は、民衆を基本的な支持基盤としてどのような国制を確立すべきだろうか。まず明らかなことは、従来の解釈とは異なり、その統治が絶対君主国と呼ばれるようなものではなかったということである。第九章でマキァヴェッリは、先述のような暫定的方策の提示に続けて、フィレンツェ統治の長期的な方策についてもわずかながら触れている。すなわち、彼は、「これら君主国が市民的体制から絶対的な体制へ(da lo ordine civile allo assoluto)と向かう場合に危機に陥る」と主張している。この主張は、メディチ家が絶対的な君主へ向かうことを戒めるものである。

マキァヴェッリによれば、君主が「絶対的な体制」へと移行する場合、「自分で支配する」か、あるいは、「行政官」を通じて支配するかのいずれかの方法を採ることになる。まず、後者の方法では行政官は、君主の危機の際に容易に君主の権力を奪うことになろう。そのため、この方向へと進む場合、君主は、そもそも絶対的な権力を持ちえず、危機に陥る。他方、君主が「自身で支配する」場合については、マキァヴェッリは議論を示していない。だが、君主自身で支配する場合は、行政官を通じた支配の場合よりも、君主個人に権力を集中させようとするためいっそう絶対的な方向であろう。絶対的な体制を目指すこの二つの手段は、メディチ家にとっていずれも危険である。

メディチ家は、フィレンツェで権力を維持しようとすれば、むしろ「市民的」体制でなければならない。すでに『君主論』第八章の君主類型との対比から明らかなように、「市民的」という言葉は、暴力の不在、さらには、市民の支持ないし好意という意味が込められている。君主が権力獲得の際に暴力に訴えなかったのであれば、市民は、新しい君主に比較的容易に服従するだろう。市民的君主が暴力的な支配、つまり絶対的な支配へと乗り出し、市民との友好関係を破壊するならば、その権力を失うだろう。マキァヴェッリは、市民的君主がその権力獲得の際と同様に「市民的」な特徴を維持するようにメディチ家に勧めていると言えよう。

非新君主としての市民的君主

そもそも『君主論』第九章の君主は、新君主であろうか。たしかに第八章のアガトクレスは、暴力に基づいて権力を不当に獲得しているため、新君主であろう。しかし、市民的君主は、暴力に立脚していない。この君主を新君主と呼ぶことにはやや無理がある。実際、「新君主」や「新君主国」という言葉は、第八章から第一一章までの範囲では登場しない。市民的君主は、被治者が自発的に自らに抵抗する状態に直面していないとすれば、世襲君主と同様、被治者を虐げる「動機や必要性」を持たないだろう。さらに、メディチ体制は、広場の市民集会での喝采によって承認されている。たしかに武力を背景としたこの行為だけでは支配の正当性は不十分であるにせよ、市民的君主は、一部の市民の支持に立脚している。この君主が被治者からの一定の服従を期待できるとすれば、その政治的資源を使わない手はないだろう。

すでに見たように、マキァヴェッリは、アガトクレスが自らの支配の途中で臣民の利益の追求へと路線を変更したゆえにその権力を安泰にしたと論じている。他方、権力獲得の様態においてアガトクレスとは対照的な類型の君主、つまり市民的君主には、公的利益の追求者という含意がある。実際、マキァヴェッリが『ディスコルシ』で理想とする統治とは、「市民的生活(ヴィーヴェレ・チヴィーレ(vivere civile))」であり、この生活様式は、公的利益を追求する統治様式でもある。すなわち、市民的君主は、暴力を用いず、公的利益を追求する君主である。

他方、絶対的な権力とは、『ディスコルシ』第一巻第二五章によれば、多くの論者が「専制(tirannide)」と呼んでいる支配である。「絶対的な支配」や「専制」という言葉は、当時では政敵を強烈に非難する言葉であった。それは暴力的な支配、あるいは、悪しき支配を意味しており、その悪しき統治の端的な基準の一つは、私的利益のために公的利益を犠牲にすることである。マキァヴェッリは、あえてそのような支配へとメディチ家を誘うよう説得を試みたようには見えない。仮にそう考えたとしても、彼は「絶対的な体制」という言葉を用いなかったであろう。

グィッチァルディーニも『フィレンツェの政体をめぐる対話』の中で、その都市で「絶対的な君主国」へと向かおうとするならば、その人物は、狂人に他ならないと論じている。ピエロ・デ・メディチですら、そのような自己破滅的な行為を試みなかったという。マキァヴェッリは、狂人的な行為をロレンツォに勧めたのだろうか。そのようには見えない。

マキァヴェッリは、おそらくロレンツォのフィレンツェ統治開始の頃の書簡で、彼が市民から「愛されている」し、「市民的生活」のあり方から離れていないという理由で、この若者を肯定的に評価している。さらに、彼の『フィレンツェ史』によれば、かつてコジモ・デ・メディチは、「フィレンツェで唯一、支配者であったけれども、その思慮深さで自制し、けっして市民的な謙遜を越えることがなかった」。このようにマキァヴェッリがメディチ家に期待している統治は、フィレンツェに限れば、「市民的」体制である。

二つの統治対象

本書でこれまで示したことを振り返るならば、『君主論』が想定している統治対象は、大局的には二種類があることになる。一つは、教皇領の新君主国群であり、もう一つは、フィレンツェ共和国である。当時の知識人も、メディチ家が二種類の統治対象を獲得していたため、この二種類の国家を論じている。

例えば、グィッチァルディーニはメディチ家の復帰後、ロレンツォの政治的関心を祖国フィレンツェへと向かわせようとしている。というのも、この若者は、フィレンツェよりも新国家の獲得に強い関心を抱いていたからである。彼によれば、メディチ家は、フィレンツェ市民が一四九四年以降に民主政を経験したことを深く認識しなければならない。一五世紀のような統治への回帰は、この経験ゆえに不可能である。だが、メディチ家は、忠実な有力市民を味方につければ、彼ら都市貴族は、強力な支持者となろう。外国育ちゆえに都市の事情を知らない若者は、彼らから情報を獲得できる。なお、彼によれば、君主政の確立は、フィレンツェに残酷さや流血を生じさせるため、メディチ家の権力を失わせるだろう。

ロドヴィコ・アラマンニもまた、二種類の国家を想定している。彼は、ロレンツォがフィレンツェの政治的安定を図るためには、多くの市民を味方にするか、あるいは、敵対者を殺害しなければならない。彼の助言によれば、市民の殺害という非道な手段は、「祖国」を血に染め、メディチ家の名声を汚すものである。メディチ家は、その手段では民衆の怒りを買い、市民からの復讐を受けるだろう。彼は、ロレンツォに対して、むしろ「あなたは残酷なアガトクレスや非道なオリヴェロットと戦うでしょう」と論じてみせている。このようにアラマンニは、『君主論』第八章の人物例を借りながら、祖国で残酷に振る舞わないよう警告している。この議論は、『君主論』から直接的に影響を受けていると見ることができる。

さらに、アラマンニの書簡にはマキァヴェッリの『君主論』と同様に「新君主」という言葉があり、気前良さとけちの選択をめぐる議論がある。それによれば、すべての新君主にとって、民衆を味方にするためには、気前良く豪華であると評されなければならないが、他方で多くの困難を克服するためには資金を蓄えなければならない。彼によれば、これら二つは、対立するので、双方を成し遂げるのは困難である。

ところが、アラマンニは、ある方法でロレンツォがこの両立不可能な性格を兼備しうると言い切っている。その方法とは、教皇の存命中に資金を貯蓄し、それをフィレンツェに提供することである。この場合には、祖国に限れば、気前良いという評判を獲得しうる。このように彼の書簡から読み取れるのは、当時のメディチ家がフィレンツェのみならず、教皇領の諸国家を統治していたため、それらを峻別しながら、メディチ家に助言を提供する必要があったことである。なお、彼は、メディチ家が「市民的」慣習を尊重しつつも、若い世代の市民には君主国の慣習を植えつけることができると考えており、長期的にはフィレンツェの君主国への移行を提案している。先を見通すという意味では、マキァヴェッリよりも彼のほうが優れていたことになるが、政治思想史の天才として名を残すのは、マキァヴェッリのほうである。マキァヴェッリは、二つの異なる統治対象に応じた議論を展開するという意味では、右で示した知的市民たちと同様、メディチ家の現実的需要に応えていると見てよい。

『君主論』第八章や第九章で君主に有徳さが要請されていることから判断すれば、第一五章以降の部分で提供されている助言は、フィレンツェを念頭に置いたものではないように見える。例えば、君主が愛されるよりも恐れられねばならないという助言は、イタリア北中部の新君主国群のための基本的方針であろう。すでに見たように、『君主論』によれば、新君主は、愛され、かつ、恐れられることはできないため、どちらかを選択するならば、恐れられるほうが良い。しかし、先に示した書簡でマキァヴェッリは、ロレンツォは、「市民から愛されていると同時に、恐れられているというよりも尊敬されている」と論じている。さらに『フィレンツェ史』によれば、かつて祖国に復帰したコジモ・デ・メディチも、フィレンツェ市民から愛され、かつ、恐れられることができたと描写している。だとすれば、当時のフィレンツェで愛されることが可能ということになろう。メディチ家は、フィレンツェでは愛されるべきである。

共和政の勧め

では、マキァヴェッリは、メディチ家が「市民的体制」の枠内でどのような政体を採るべきだと考えていたのか。たしかに、共和国ではなく君主国を扱うという『君主論』第一章の表明や、「市民的君主国」という第九章の表現などからは、考察の対象が君主国であることが分かる。当時のメディチ家の権力の強さを考えるならば、フィレンツェを君主国と呼ぶことは、著しく奇妙というわけではなかったと言えよう。

しかし、メディチ家のいるフィレンツェを君主国と呼ぶにせよ、それは、イタリアで一般的に君主国と呼ばれるような政体ではない。「市民的君主国」は、イタリア語で「プリンチパート・チヴィーレ(principato civile)」であるが、「チヴィーレ」という形容詞は、名詞の「チッタ(città)」やラテン語「キウィタス」という言葉が持つ意味と不可分である。それらの言葉は、当時はしばしば共和国を表現するために用いられていた。そのため、「プリンチパート・チヴィーレ」という言葉は、矛盾した表現とも捉えられかねない。ただし、プリンチペやプリンチパートもまた、多義的であり、共和政と対照的な意味での君主政のみに用いられていたわけではない。それは、支配を指す場合に頻繁に用いられており、マキァヴェッリもまたプリンチペを君主に限定して使用しているわけではない。

こうした問題があるにもかかわらず、マキァヴェッリがその用語を充てたのは、おそらくそれが当時のメディチ家の状況を端的に言い表すものだったからであろう。あるいは、彼は、献呈時に第九章を挿入した際、君主国のみを対象とするという最初の形式に適合させるために、フィレンツェをあえて君主国として扱っている可能性もある。

マキァヴェッリにとって、このように当時のフィレンツェは、君主国と言えなくはない状態にあったにせよ、彼がメディチ家に今後構築するよう求めている政体は、実のところ、共和政である。彼は『君主論』で、「市民的君主国」については「共和国を扱うところでより詳細に論じる」と読者に予告している。フィレンツェについてはこの約束からメディチ家は、共和国を扱った著作、つまり『ディスコルシ』の議論に導かれることになろう。彼は『ディスコルシ』で、共和政期のローマの政治を望ましいあり方として描き出し、それを読者が模倣するように説いている。彼は現状のフィレンツェを君主国と呼んでいるにせよ、彼がそこで目指した政治が共和政であるとすれば、『君主論』での主張は、フィレンツェの共和政支持者マキァヴェッリという理解と矛盾しない。次章では、マキァヴェッリのこの指示に従い、『ディスコルシ』における「自由な統治」へと目を向けよう。

第五章 フィレンツェの自由

ヴェッキオ宮
(Photo/DEA/G. COZZI/Getty Images)

一　共和主義者マキァヴェッリ

「オポチュニスト」マキァヴェッリ？

『ディスコルシ』は、古代の歴史家ティトゥス・リウィウスが執筆した『ローマ史』の最初の一〇巻に対する広い意味での注釈であり、マキァヴェッリはそこで、ローマの歴史的出来事を素材にしながら自らの政治的見解を披露している。その基本的な対象は、ローマの起源からおおよそ共和政期前半までである。また、『ディスコルシ』は、三巻で構成されており、マキァヴェッリは、第一巻でローマの内政、第二巻で外交を扱い、第三巻で特定のローマ人がいかに国家の原点回帰に寄与したかを考察している。

比較的近年の研究では、『ディスコルシ』の執筆は、一五一五年以降に着手されたと考えられている。執筆のきっかけは、マキァヴェッリがその頃にフィレンツェの知的サークル「オリチェッラーリ庭園」の集いに参加したことにある。実際、同著は、コジモ・ルチェッライとザノービ・ブォンデルモンティに献呈されており、また、マキァヴェッリ本人が献辞において、この両者から自分自身ではけっして執筆しなかったものを執筆するように要請されたと述べている。

マキァヴェッリは『君主論』で、共和国に関する著作を長々と執筆したと記しており、これが『ディスコルシ』であると判断できるため、マキァヴェッリがロレンツォに『君主論』献呈を意図した時点では、『ディスコルシ』の少なくない部分がすでに存在していた可能性が高い。

一部の研究は、マキァヴェッリが二つの著作の間で自らの見解を変更したと考えているが、この解釈には問題がある。第一に、それは、マキァヴェッリが『君主論』を完全に執筆し終えた後に、『ディスコルシ』の執筆に着手したという前提があるが、それは確実というわけではない。厳密に言えば、彼は、『君主論』で『ディスコルシ』に言及しているため、『君主論』と『ディスコルシ』がまったく別の時期に執筆されたわけではない。

第二に、このようにマキァヴェッリが『君主論』で『ディスコルシ』に言及しているのであるから、『君主論』の読者は、もし関心を抱くならば、『ディスコルシ』を参照することになろう。彼は『ディスコルシ』でも同様に、『君主論』に言及している。状況の変化に応じて自らの見解を変えたという仮説は、このように一つの著作に他方の著作への言及がある限り、成立させるのは難しい。もしマキァヴェッリが執筆中の著作の中で彼が従前の見解とは根本的に異なる見解を抱くようになったのであれば、彼は、今や不適切である従前の著作に何の留保もなしに言及したであろうか。

マキァヴェッリが『君主論』で『ディスコルシ』に言及したことは、メディチ家が共和国に関する著作、つまり『ディスコルシ』を読んでも差し支えないという彼の認識を示している。そのため、彼の政治的意図を正確に理解するには、二つの著作を読む必要がある。なお、『ディスコルシ』では一五一七年以降の出来事が触れられていないため、大部分はその年までに執筆されていたと考えられる。ただし、その後に彼がそれに一切手をつけなかったとまでは言い切れない。

共和政ローマの自由

マキァヴェッリは『ディスコルシ』で、ローマ人がいかに自由を維持し、国家を発展させたのかを明確化することを目的としている。彼によれば、ローマは、その起源から自由であったが、国制を一度で完成させる一人の立法者(建国者)には恵まれなかった。ローマでは複数の立法者たちが漸進的に様々な制度を構築したのである。例えば、初代の王ロムルスは、軍事分野で多大な貢献を果たし、第二の王ヌマは、国家の発展に不可欠な宗教を創設した。このように王政は、徳や能力を有する人物が国王(君主)になる場合には望ましい。

しかし、マキァヴェッリの考えでは、王政では優れた人物が国王になるとは限らない。むしろ、経験的に言えば、国王や君主は、私的ないし個別的利益を公的利益に優先させる傾向にあり、自由を破壊する可能性が高い。そのため、自由をより確実に維持するには、もし所与の条件を考慮しなくてよければ、共和政が望ましい。

自由な生活のこうした愛着が国民の中に生じるのは、容易に理解できる。なぜなら、都市は、自由でなければ、領土も富も増大しないということが経験上明らかだからである。……その〔ローマの偉大さの〕理由は、簡単に理解できる。すなわち、個別的利益ではなく公的利益こそが都市を偉大にするのである。この公的利益が守られるのは、共和国においてのみである。……君主がいる場合は、逆のことが生じる。多くの場合、君主のためになされることは、都市に有害であり、都市のためになされることは、君主に有害である。

このようにマキァヴェッリは、共和国でこそ公的利益が守られると指摘している。「自由な生活」と共和国の統治は、この文脈でも同じ意味である。

もちろん、たんに共和政を採用したとしても、そこで自由が確実に維持されるわけではない。マキァヴェッリは特に『ディスコルシ』第一巻で、自由維持のための具体的な法律や制度がいかにローマで整備されたかを論じている。自由維持の観点から警戒すべきは、市民の「野心」であり、これは、究極的には君主権力を獲得しようとする欲求である。

マキァヴェッリの考えでは、人間から野心を消し去ることは不可能であり、せいぜい制度や力で抑制するしかない。そのため、権力を制限する仕組みが不可欠である。例えば、官職は、正式な手続きで設置されなければならないし、その任期は、厳格に定めねばならない。たとえ緊急時に特定の官職に権力を集中させざるをえないにせよ、その任期は、他の官職の場合より短く、権限は、当該分野に限定されねばならない。マキァヴェッリの解釈では、共和政期のローマは、次第に権力分散のための法律や制度を整えた。

だが、より包括的観点から説明するならば、ローマの成功の要因は、混合政体の完成にある。この点でマキァヴェッリは、古代のポリュビオスが示した政体循環論を踏襲している。すなわち、君主政・貴族政・民主政のいずれも、単独の場合は、それぞれ悪しき政体、つまり僭主政・寡頭政・無秩序へと変容する。さらに、この二系統のそれぞれの政体は、交互に登場し、もし国家が他国に支配されるような事態に至らなければ、ほぼ永続的に循環を繰り返すであろう。

立法者は、こうした不安定性を回避するため、君主政・貴族政・民主政のそれぞれの要素を組み合わせ、各勢力の均衡・牽制の状態を実現しなければならない。マキァヴェッリの説明では、タルクィニウス王追放後のローマには君主政的要素の執政官と貴族政的要素の元老院があったが、民主政的要素は欠如していた。その後、貴族が横暴になると、貴族と民衆の対立の結果、護民官が創設された。マキァヴェッリの解釈では、こうしてローマの混合政体が完成したのである。

拡大型共和国としてのローマ

混合政体の成立という観点から国家の繁栄や成功を説明する方法は、伝統的なものである。マキァヴェッリの独自な説明は、その成立が貴族と民衆の不和に基因するという点にある。国内部の階級対立が自由をもたらしたという説明は、フィレンツェの内紛の歴史を知る者が判断すれば、異様な主張であっただろう。グィッチァルディーニは後年、マキァヴェッリのその見解を批判することになる。

マキァヴェッリのこの議論は、民衆の政治参加を不可欠とする民主政擁護論である。さらに、内政に関するこの考察は、対外政策の考察と直結している。『ディスコルシ』第一巻第六章では、共和国は、二つに分類されている。一つは、支配権の拡張政策を採るローマ型であり、もう一つは、現状維持政策を採るヴェネツィア型(スパルタ型)である。

ヴェネツィア型の共和国は、戦争に民衆を利用しないため、彼らに政治参加を認めない。それゆえ、この共和国には貴族と民衆の対立がほとんど生ぜず、国内の「静穏」が維持される。グィッチァルディーニは、党派闘争のないヴェネツィアの政体に好意的である。ヴェネツィア型共和国は、貴族政である。ただし、民衆を動員せず、おのずから戦争回避の傾向が強くなるこうした共和国を樹立するためには、他国からの侵略をできるだけ受けない天然の要害を選び、敵に侵略を諦めさせるほどの防備を固めねばならない。

逆に、ローマ型共和国は、積極的に民衆を戦争に従事させる。彼らの政治参加を容認するならば、国内の政治的対立が生じる。この場合にはヴェネツィア型共和国で見られる静穏は、断念せざるをえないが、その反面でローマ型共和国は、民衆の軍事参加ゆえに独立を維持することが容易である。のみならず、その共和国は、外部からの移住を認め、移住者を軍事に参加させるため、さらに軍事力を増大させるだろう。この繰り返しによってローマ型共和国は、大国への発展が可能となる。マキァヴェッリは、これら二つの中間の立場を採ることは不可能だと断言し、ローマ型共和国こそが望ましいと結論づけている。

マキァヴェッリがローマの模倣を読者に訴えた理由の一つは、彼がイタリアをめぐる国際政治の構造変動を意識していることにあろう。一五世紀末までのイタリア内部には、諸国の勢力均衡が成り立っていたが、すでに見たように、シャルル八世によるイタリア侵攻は、この状態を一変させた。イタリア内の中規模諸国は、より直接的に外部列強と対立あるいは連携することとなり、それら諸国は今や、アルプスの彼方の列強による不断の介入を予想せざるをえなかった。この状況を踏まえるならば、ヴェネツィアは、地理的利点ゆえに大国の介入を阻止できる共和国とは言いがたい。今やイタリアは、戦争が不可避的な時勢にあり、マキァヴェッリは、こうした時代的必要性の認識ゆえに拡大型の共和国を推奨したのである。

共和国の拡大と腐敗

マキァヴェッリの考えでは、ローマ型共和国の市民は、戦時においては兵士でなければならない。その軍隊は、市民が非常時にのみ戦争に参加する市民軍(民兵軍)である。彼によれば、大半の市民は、権力の獲得よりも個人的な自由や安全を目的としている。しかし、彼らは、その義務の遂行ゆえに政治的権利を獲得し、個人的な自由をも享受することができる。市民自身が共和国の軍事力を担わないようであれば、傭兵や他国の援軍に依存することになり、国家の自由と個人の自由の双方にとって危険である。

市民が共和国の利益を考慮しない場合、国家は、「腐敗(堕落)」の状態にある。腐敗の端的な例は、「党派(parte)」の形成である。党派とは、名称から読み取れるように、部分的な利益を国家全体の利益に優先させる集団である。市民が公的権威よりも特定の個人や集団に服従しているならば、彼らは「徒党」である。マキァヴェッリによれば、党派のリーダーは、市民に金銭を提供し、あるいは、他の有力者の横暴から私的手段で庇護する。このような行為は、一見したところ、誠実な外観を呈するために、徳や能力のない市民がそれを拒絶することは困難である。しかし、マキァヴェッリに言わせれば、手身近な利益を追求するこの市民たちは、無思慮にも自らの自由の破壊を招いていることになろう。後にルソーは、マキァヴェッリの党派に関する議論から直接に影響を受け、ジュネーヴ共和国のために「一般意志」という独特の概念を提示することになる。

党派は、規模が増大する場合、特に武装している場合には、共和国の自由にとって深刻な脅威である。例えば、一人の将軍が子飼いの部下で身辺を固め、この私的集団が公的な権威に対抗しうるほど強大となれば、それは、国家の中の「国家」となろう。カエサルとその支持者たちの私的軍隊は、共和政を理想とする歴史解釈からすれば、まさにそうした形でローマ共和国の権威に挑戦し、公的な事柄、つまり「レス・プブリカ」を破壊したのであった。

一五一九年ないし一五二〇年に執筆した『戦術論』から明らかなように、マキァヴェッリの見解では、常備軍も、腐敗をもたらすために不適切な軍隊である。常備軍は、個人への権力集中をもたらすのみならず、市民が職業として兵士となることを意味する。それは、国家の自由ではなく、戦争そのものを目的とするため、市民は、戦争を早く終わらせて家族のもとへ戻ろうとするよりも、戦争を長引かせようとするだろう。そのため、共和国の軍隊は、市民から構成されていなければならない。

右に示したように、ローマ型共和国は、征服を繰り返す民主政である。この国家は、自らの利益のために過酷に他国を支配するという点で新君主と同様に振る舞う。しかし、ローマが強大となったことは、長期的には共和国自身の自由にとって危険であった。マキァヴェッリは、二つの観点からその理由を説明している。

第一に、マキァヴェッリの説明では、ローマの兵士は、対外征服に向かうと、奢侈のある外国の悪しき習俗に染まり、この習俗は、ローマ国内の市民にも広がった。彼の見解では、国庫が豊かになることは望ましいが、個々人が裕福になる形での経済発展は、彼らの堕落をもたらす。奢侈は、彼らの公共精神を失わせるため、市民は、質実剛健でなければならない。

第二に、仮に外国からの悪しき習俗が伝播しなくとも、共和国の拡大は、その自由の維持を困難にする。外部に拡大したローマは、周辺諸国の活力を衰退させた。共和国が世界の果てまで支配すれば、その状態は、ほとんどすべての他国を破滅させることである。マキァヴェッリは、共和国の究極の目的がこの状態にあると明言している。しかし、もしこの究極的な状態に至れば、戦士でもある市民は、もはや戦う相手を失うだろう。こうして競合的な能力を発揮する機会を共和国が失うならば、民衆の軍事参加は、不要である。したがって、政治参加とそこから得られる個人的自由も維持しえない。市民の自由は、共和国の拡張能力に依存しているのである。

さらに、共和国が拡大すれば、カエサルのような将軍に国外で長期間に軍事指揮権を委ねざるをえないだろう。それは、武装した党派を形成することとなり、すでに論じたように、共和国の自由を破壊するだろう。このように、共和国がローマの先例に従うならば、その共和国は、その崩壊をも踏襲せざるをえない。拡大型共和国は、その「プリンチピオ(原理・起源)」においてすでに自滅する運命にあったということになろう。マキァヴェッリによれば、どのような国家も永続的ではない。

二 フィレンツェへの適用(一)——外交

対外拡張の夢と現実

とはいえ、マキァヴェッリの意図は、こうした悲観的宿命をフィレンツェ共和国の読者に印象づけることではなかった。もしフィレンツェがローマ型共和国を整備し、たとえ一世紀であれ、共和政ローマ初期のような状態に至るのであれば、その処方箋は、独立さえ危うい祖国には有益であろう。彼は『ディスコルシ』第三巻で、ローマの衰退の時期を扱っているが、彼がそこで描くのは、ローマ人がいかに堕落を防いできたかである。彼は、ローマの衰退を積極的に描写しようとはしない。彼の執筆目的は、古代の優れた政治を同時代のフィレンツェに活かすことである。

もしフィレンツェがローマの方法を完全に模倣しうるならば、たしかにこの共和国は、世界の支配者となろう。この壮大な理念は、ブルーニのような人文主義的書記官がすでに一五世紀の初頭に抱いていたものであり、フィレンツェがトスカーナにその権力を拡大する中で表明された理想であった。すでに示したように、多くの市民は、自らの祖先であるローマ人を意識し、フィレンツェが第二のローマになるという夢を共有していた。拡大の原理を純粋に抽象的にのみ考えるならば、遠い将来にはフィレンツェの世界支配があり、その途上にはイタリア支配もあろう。

とはいえ、現実政治のレベルでは彼らの目的は、世界支配はもとより、イタリア支配にはなかったと見るべきであり、マキァヴェッリもその例外ではない。彼は、経験豊富な実務家であり、『君主論』では現実主義を自負してみせている。彼がフィレンツェのイタリア支配を自らの存命中に到達できると考えるほど楽観的であったようには思われない。フィレンツェよりもはるかに好条件で出発したローマですら、イタリアを支配するまでには長い時間を要した。官僚として祖国の財政的困難や軍事的弱体性を痛感していた彼がフィレンツェ単独でのイタリア支配という理念を抱いていたとしても、それはあくまでも願望のレベルに留まっていると見るべきであろう。

マキァヴェッリにとって、フィレンツェに実現可能な対外政策は、後述するように、トスカーナでの覇権獲得にとどまっている。しかしこれは、都市共和国における伝統的な目標であり、実現可能であるために他の市民が共有できる目標でもある。

すでに示したように、一五世紀中葉のメディチ家は、イタリアの五大国の間で勢力均衡政策を採った。この政策は、共和国の支配権拡大という伝統的な理念と政策を断念することを意味した。少なくないフィレンツェ市民は、それを不適切だと考えていた。実際、グィッチァルディーニは、後にこの点でメディチ家の当時の統治を批判することになる。マキァヴェッリによる拡大型共和国の提言は、彼がメディチ時代以前の支配権拡大の路線へと回帰するよう要請していることになる。

外交政策の具体的提言

では、実現可能なレベルでフィレンツェ共和国は、どのように外部世界と向き合うべきか。マキァヴェッリは『ディスコルシ』第二巻第四章で、三種類の対外政策を挙げている。第一は、数カ国による対等な関係の同盟であり、この方法は、古代のエトルリア(同時代のトスカーナ地方)やギリシア諸都市の一部に見られた。第二は、同盟国への支配権を有しつつ、自国が卓越した立場を保つ方法である。この方法は、古代ローマに見出される。第三は、他国と同盟関係を結ぶのではなく、他国を直接的に従属させる方法である。

しかし、この第三の方法は、マキァヴェッリによれば最悪の手段である。例えば、フィレンツェは、ピサ、ルッカ、シエナといった自由な都市にその方策を用いたが、それらの都市は、フィレンツェの支配に頑迷に抵抗した。この方策は、フィレンツェのような武装せざる共和国には完全に無益である。

この同盟政策論の特徴は、マキァヴェッリにしてはきわめて稀なことだが、ローマの模倣という主張が弱められている点である。ローマ的な覇権獲得政策は、所与の条件が同一であれば、最善であろう。フィレンツェがトスカーナの他の共和国に囲まれていることは、かつてローマが自由を維持しようとする諸国に囲まれていたことと同一の条件である。しかし彼は、フィレンツェがローマ的同盟策を実践するうえで、例えば、軍事力の保持のような条件がないため、少なからず困難があると見ている。それゆえマキァヴェッリは、次善の策として古代エトルリアの方策、すなわち、ローマ支配以前におけるトスカーナ諸国の方策をそこで勧めているのである。

その説明によれば、エトルリアが採った方法では、たしかにイタリアの外部にまで領土を拡大することはできなかったし、イタリアの内部でさえも完全に征服することはできなかった。しかしその方法で彼らは、イタリア内部で一定の勢力を形成することはできたのである。マキアヴェッリの狙いは、フィレンツェが同盟や友好関係の構築という手段でトスカーナ地方の支配者になることにある。

この友好的態度の背後にはフィレンツェの覇権獲得という意図が隠されている。マキァヴェッリは、弱小国家が支配権を拡大する場合には、策略という外交手段が必要不可欠だと断言している。フィレンツェに軍事力が欠如しているとすれば、共和国は、それを可能な限り早急に構築しながらも、新君主の場合と同様に、当面は策略を用いざるをえないだろう。この共和国のヴィルトゥとは、国内では徳であるが、対外的には悪徳である。不正な手段を用いるフィレンツェは、アガトクレスと同様に、少なくとも当分は名誉や栄光を獲得することはできない。この点でも共和国は、幸運に依拠した新君主と同様である。だが、マキァヴェッリによれば、存亡の危機に瀕している祖国は、不名誉を気にかけるべきではない。

とはいえ、無思慮な対外拡張がかえって共和国の破滅を招くというマキァヴェッリの実践的配慮も、看過すべきではない。「国家理性」と「マキァヴェリズム」とを峻別すれば、彼の主張は、無思慮に対外拡張を狙うという意味でのマキァヴェリズムではない。彼の歴史解釈では、ローマによる従属国の支配は、穏当なものであったし、隣国への寛大な態度は、大国の野心を阻止する観点から言っても、しばしば有効であった。抑圧や策略は、つねに理に適っているというわけではない。国家の拡張政策は、マキァヴェッリの言葉を用いるならば、「理性」を伴わねばならない。

三　フィレンツェへの適用(二)——内政

内政に関する実践的提言

このようにマキァヴェッリによる歴史解釈は、フィレンツェの現実の外交政策と密接に結びついている。それは、内政においても同様である。彼は、過去の出来事を読み解く行為が同時代人にとって有益に違いないと考えている。というのも、彼によれば、人間の本性は、つねに同一だからである。人間は、いつの世も権力を獲得しようと試みるし、長い間それを手にしていれば堕落する。こうした人間本性は、時間が数千年経ったとしても変わらない。また、過去に可能であったことは、現在でも可能であるに違いない。この見地からマキァヴェッリは、ローマを模倣できないと主張する同時代人を強く批判している。

ローマ人が採った多くの制度は、国の内外いずれの政策においても、現在ではまったく模範とされていない。むしろ、それらは、正しくないとか、実現不可能とか、無関係とか、無益とみなされ、まったく考慮されていない。こうした無知ゆえにわれわれは、この地域〔イタリア〕を踏みにじる者たちの餌食となっているのである。

この一節から明らかなように、『ディスコルシ』は、一部の研究の解釈とは異なり、実現不可能な抽象的考察の書というわけではない。

すでに示したように、マキァヴェッリの描き出すローマは、拡大する共和国であり、それは、民衆の政治参加なしでは実現しえない。では、こうしたローマ擁護論を展開することには、当時のフィレンツェの状況でどのような政治的意味があったのだろうか。その一つは、大評議会体制ないし民主政を採るべきだというメッセージに他ならない。

オリチェッラーリ庭園

たしかにオリチェッラーリ・サークルのメンバーの一部は、後の一五二二年にメディチ政権に対する陰謀を企てることとなり、その際に彼らに『ディスコルシ』の議論が一定の影響を及ぼしたことは否定できない。マキァヴェッリは、同著第三巻第六章から看取できるように、君主に対する陰謀は成功しないが、共和国政府に対する陰謀は、比較的容易であると論じていた。この若者たちは、ジュリオ・デ・メディチ枢機卿の暗殺を企てたが、失敗に終わった。若き弟子たちは、マキァヴェッリが不遇の時期にその才能を評価し、金銭面でも若干の支援を彼に与えていたようである。マキァヴェッリは、彼らのその後の不幸な運命を嘆いたに違いない。

だが、その庭園での知的な集いへの参加それ自体は、マキァヴェッリの反メディチの信念や態度を意味するわけではない。そのサークルには、異なった利害に基づく多様な市民たちが参加していた。実際、この庭園でマキァヴェッリと接触した人物たちの中にはメディチ家と良好な関係にあった人物がいた。しかも、このサークルに参加していた仲間たちこそが一五二〇年三月にマキァヴェッリをメディチ家に紹介することとなり、彼とジュリオ枢機卿との関係を好転させたのである。

マキァヴェッリは七月には、些細な仕事であるとはいえ、ジュリオからルッカに派遣された。しかも彼は、メディチ家からフィレンツェの歴史を書くよう依頼され、同年一一月には共和国と正式に契約した。これが晩年に完成する『フィレンツェ史』である。翌年、マキァヴェッリは、かつての上司ソデリーニからマキァヴェッリに破格の報酬でローマの傭兵隊長プロスペロ・コロンナの秘書にならないかという誘いを受けたが、これを断っている。彼は、メディチ家とさらに良好な関係を築くことで政治職を獲得しようとしたのであろう。

『ディスコルシ』における共和政の理念や市民的徳に関する考察は、従来の解釈によれば、メディチ家への対立姿勢を示すものであるため、マキァヴェッリの真意の表れではないとされてきたが、この解釈には、共和政の理念がメディチ家への支持や協力と反するという予断がある。たしかにメディチ家の統治するフィレンツェは、マキァヴェッリの死後、名実ともに君主国となったと言ってよいが、この事実から遡及的に彼の思想やその頃のフィレンツェ政治を見るべきではないだろう。メディチ家やメディチ派の一部は、むしろ共和政の枠組みでフィレンツェを統治しようと考えており、この方法が都市におけるメディチ家の権力を維持するうえで合理的であると見ていた。マキァヴェッリの政治的見解も、メディチ家のこの路線に沿っていると考えるべきであろう。

フィレンツェの政治状況

すでに示したように、メディチ家はフィレンツェへの復帰直後、大評議会体制を維持しようとしたが、一部の有力市民の影響のためそれを廃止し、一五世紀のメディチ家統治に近い寡頭政的な統治を採っていた。とはいえ、この体制は、安定していたわけではない。

一五一五年九月には教皇レオ一〇世と対立していたフランスがマリニァーノでスイス軍に勝利すると、フランス王と接触していた反体制派は、革命の絶好の機会が到来したと考えた。しかし、教皇がフランス王と和解すると、メディチ派政府は、この危機を乗り切った。ロレンツォは、魅力的な都市ローマや「新しい国家」獲得への関心からフィレンツェをしばしば不在にしており、この振る舞いがフィレンツェ統治を不安定にしていた。しかも彼は、有力市民間の協調というフィレンツェ統治の要諦を疎かにしていた。

一五一六年にロレンツォがローマへ向かうと、その代理としてゴーロ・ゲーリを置いたが、従属都市出身者を統治者に据えるこの行為も、都市の有力市民を憤慨させた。一五一七年には、ウルビーノをメディチ家に奪われたフランチェスコ・マリア一世・デッラ・ローヴェレがヴェネツィアやフェラーラと反教皇同盟を締結したため、フィレンツェの反体制派は、今度こそ政権転覆の好機だと考えた。しかし、幸運にもスペイン軍がフィレンツェを攻撃せず、教皇が旧ウルビーノ公と和解したため、今回もメディチ政権は、存続することができた。

とはいえ、ロレンツォは晩年には、メディチ派の中核的メンバーやジュリオですら退けるようになったため、一五一九年には体制の危機が深刻となった。ロレンツォが死去し、メディチ家の継承者が不在となると、メディチ家は、いっそう大評議会の再開を検討するようになった。マキァヴェッリが一五二〇年頃に執筆した『フィレンツェ政体改革論』は、この文脈で読まれるべきである。

『フィレンツェ政体改革論』

この著作は、メディチ家がおそらく右に述べた事情からマキァヴェッリに下問し、彼がそれに応えたものである。そこで彼が提唱している政体は、「開放的政体」、つまり民主政である。彼はその中で、過去のフィレンツェ統治のあり方を検討し、とりわけ一五世紀のメディチ家時代の「制限的政体」を入念に批判している。そのため、この寡頭政への復帰がマキァヴェッリの懸念する方向であったと推測できる。彼によれば、「真の共和政」と「真の君主政」のいずれかが確立されるべきであるが、かつてのメディチ家統治は、その中間的な政体であった。彼の見解では、メディチ家が目指すべき方向は、真の共和政である。この民主政擁護論は、内容上、『ディスコルシ』の延長線上にあり、かつ、メディチ家の意向に沿ったものでもあろう。

他の幾人かの知的市民もまた、大評議会体制ないしそれに近い政体をメディチ家に勧めている。友人グィッチァルディーニは、一五二一年頃に『フィレンツェの政体をめぐる対話』の執筆に着手し、民主政の擁護論を最終的に展開することとなる(一五二五年完成)。ただし、彼の理想とする民主政は、大きな権限を有力市民に与える形のいわば貴族政寄りの開放的政体であり、元老院の機関をフィレンツェに導入しようとするこの議論は、マキァヴェッリの民主政擁護論を牽制するものである。この統治のあり方は、マキァヴェッリの民主政を批判した有力市民アレッサンドロ・パッツィの構想に近い。

マキァヴェッリの『フィレンツェ政体改革論』は、『ディスコルシ』がすでに一五一七年に完成していたとしても、わずか三年後の作品であり、この間に彼の思想が変化したようには見えない。両著作の間あるいは直後には、共和政ローマを称賛した『戦術論』が執筆されている。『フィレンツェ政体改革論』の議論それ自体から読み取れるように、当時の重要な争点は、貴族政と民主政の選択であり、君主政と共和政の選択ではなかった。同時代人も、メディチ家の復帰以降のフィレンツェでは開放的政体と制限的政体のいずれが望ましいかが焦点であったと述べている。マキァヴェッリの議論は、この問題に対応している。たしかに君主政を確立しようとする見解が皆無だったわけではないが、メディチ派内部においてですら、その見解を支持する市民は、ごくわずかであり、その勢力は取るに足りないものであった。

都市の社会的条件

事実、マキァヴェッリは『フィレンツェ政体改革論』で、君主政を樹立しようとする議論をあっさりと退けている。というのも、同著の議論によれば、都市フィレンツェの社会的条件ゆえにそこでは君主政を確立しえないからである。その条件とは、すでに『ディスコルシ』第一巻第五五章でも示されていたように、フィレンツェを含むトスカーナ地方には平等が存在していることである。彼によれば、平等のあるところでは、君主政を確立できない。しかもフィレンツェには、自由を維持しようとする精神がある。

他方、マキァヴェッリによれば、ロマーニァ地方、ロンバルディア地方、ナポリ、教皇領には平等がない。そこには、労働に励むことなく財産収入だけで生活できる有力者がいる。そのような封建的貴族が臣民を従え、しかも城砦を所有している場合には公権力をそこに行使することは難しい。その城砦内は、ほとんど国家の中の「国家」である。グィッチァルディーニがロマーニァ地方の諸都市を支配するうえで直面したのは、この問題であった。その地方の住民には徳や公共精神が欠如しており、根本的に腐敗しているのである。マキァヴェッリは、平等のないこの社会的条件では、共和政を樹立しえないと論じている。国家の状況次第でその取るべき政体が異なり、イタリアの一部の地域では君主政が必要であるという見解は、伝統的な見方である。

腐敗と立法者

たしかに『ディスコルシ』第一巻第一六章から第一八章では、絶対的な君主が腐敗を克服するという議論がある。多くの解釈は、マキァヴェッリが『君主論』でフィレンツェの腐敗を正し、自由な統治を樹立するために絶対的な君主の出現に期待を寄せていたと見ているが、この解釈にはいくつかの重大な難点がある。第一に、『君主論』には腐敗克服の議論は、見当たらない。『君主論』は、すでに本書で指摘したように、新君主国での権力の維持をめぐる議論であり、それは、腐敗の克服や自由の獲得というテーマとは本質的に異なっている。

しかし、純粋に理論的なレベルで考えれば、腐敗が根本的である場合、そこを改善するための最も容易な方法は、絶対的君主が登場し、市民や臣民の腐敗を矯正することであろう。たしかに人々が公共精神を持たず、公的な利益を犠牲にして自己の利益を追求している場合、彼らを強制する絶対的な権力が必要になる。その立法者はモーゼのように、自らの作業に歯向かう者たちを武力で打倒し、臣民全体の精神を根本的に変えなければならない。

とはいえ、グイッチャルディーニと同様にマキァヴェッリの考えでは、こうした絶対的な君主の登場を現実には期待することはできない。仮に登場したとしても、その人物が善人である可能性は、きわめて低い。しかもマキァヴェッリによれば、一人の生涯では腐敗の克服の作業を遂行しえない。サヴォナローラの行為を考察した際に指摘したように、人々の精神を入れ替えるには長い時間がかかるだろう。そのため、名君が二代連続で出現する幸運に恵まれなければならない。その議論の結論によれば、腐敗が根本的である場合には、適切な共和政や自由な統治の確立は絶望的である。マキァヴェッリがフィレンツェの腐敗を矯正するために絶対的君主を求めたという解釈の第二の難点は、その作業が実現不可能であるという彼の認識と一致しないことである。

だとすれば、マキァヴェッリがここで想定している絶対的な君主とは、腐敗を克服するという観点からのみ導き出された理念型であると見るべきであろう。それは、『君主論』第六章の新君主が機会以外は一切何事にも依存しない超人的立法者であるのと同様である。マキァヴェッリは同章で、そこまでのヴィルトゥに達することは不可能だと明言しており、現実社会ではこうしたプラトン的哲人王を期待しえないと見ていたと言えよう。

第三に、マキァヴェッリは絶対的な君主に関するこの議論では、ミラノやナポリのように腐敗が根本的であるような地域を想定しており、そこではフィレンツェは考察の対象ではない。仮にそうした能力溢れる君主がフィレンツェで出現したとしても、この人物は、すでに示唆したように、その自由を破壊すると考えられたであろう。メディチ家が単純にその善意から立法者的君主になるだろうと期待を寄せるほどにマキァヴェッリが素朴な理想主義者であったようには見えない。しかも、腐敗を一掃する改革は、商業生活に浸っている多くの市民を敵に回すだろう。その徹底は、フィレンツェを内乱に導くことになろう。

たしかにマキァヴェッリは、フィレンツェを含むトスカーナ地方でも一定の腐敗があることを認識している。それゆえ、彼は、古代ローマの規範的状況と同時代フィレンツェの現状との乖離も十分に自覚している。この二つの共和国は、市民的徳の程度において大幅に異なっている。もしフィレンツェがローマのような制度を導入したとしても、市民に一定の腐敗があるため、それを適切に運用することはできないのである。彼は、純粋に制度や機構のみで政治がうまく進むとは考えていない。

にもかかわらず、マキァヴェッリの判断では、祖国を存続・発展させるための方策は、古代ローマに習うことしかない。市民を有徳にする方法は、彼の考えでは、絶対的な君主の登場とこの人物による立法行為という非現実的な方策ではない。その方法とは、限界があるにせよ、次に見るように、共和政の枠組みを維持しながら試みられるべきものであった。

四　市民軍と国家宗教

市民軍

マキァヴェッリは、市民に徳ないし公共精神を植えつけるにはいくつかの方法があると考えているが、ここでは、おそらく特に有効だと考えられている二つの方策を指摘しておこう。第一は、市民軍の形成である。『戦術論』の序文でマキァヴェッリは、軍事と政治とが本来は不可分な関係にあることを読者に理解させようとしている。

多くの人々は、市民的生活と軍事的生活ほど互いに無関係で異なったものはないという見解を抱いてきたし、現在も抱いている。……しかし、古代の諸制度を考察すれば、当然、これらほど互いに引きつけあい、合致し、統一的となっているものは見当たらない。なぜなら、すべての行為は、人々の公的利益のために市民生活の中で制度化されており、また、そこでのすべての制度は、法と神を恐れて生きるために作られたものであるが、いずれも、彼らを防衛する準備がなされていなければ、無益だからである。防衛が適切に整備されていれば、それは、適切に整備されていないものをも維持しうる。逆に、良き制度は、軍事的な助けがない場合、崩壊せざるをえない。

このように、軍事が適切であれば、政治制度が適切とは言えない場合にも、それを維持することはできる。軍事と政治は不可分であるから、軍事の改善は、政治の改善をもたらすだろう。マキァヴェッリは『ディスコルシ』で、古代ローマの制度を模倣すべきであると繰り返していたが、この主張は、この『戦術論』でも変わらない。しかし、彼からすれば、当時の軍事制度は、古代のあり方から長い間離れていたために腐敗している。

こうした必要性を十分に考えていたならば、指揮権を行使する人々や軍事的訓練を担う人々は、軍事的生活が他の人々によって称賛され、研究されるとともに追随され模倣されるようにしていたであろう。しかし、軍事制度は、完全に腐敗し、古代の様式から長い間離れていたために、軍隊を嫌悪し、軍事力を行使する者との関わりを避けようという不適切な考えが生じてきた。私は、見聞し読み解いたことから、軍隊を古代の様式へと戻し、そこに過去の能力をいくらかでも取り戻すことは、けっして不可能ではないと思う。そのため、私は、余暇を無為に過ごすことのないように、古代の行動の愛好者たちを満足させるべく、戦争の技術に関する私の理解を記述しようと決心した。このように古代の軍事制度、すなわち、市民軍を中心とする軍事制度を復活させることができる。

マキァヴェッリは、「どのような事柄の事例であれ、私は、わがローマ人から離れるつもりはない」と明言した後、「彼らの生活や共和国の制度を考えてみれば、そこでの多くの事柄を、いまだ何らかの善が残っている市民生活に導入できないわけではないことがわかるだろう」と主張している。このようにフィレンツェには「何らかの善が残っている」ために古代の政治を取り入れることは可能であり、平等とそれに基づく市民的意識という社会的条件がフィレンツェに存在するゆえにそれが可能だと認識されているのだろう。

市民軍を組織せよという主張は、マキァヴェッリの生涯一貫した持論であった。もちろん、フィレンツェ共和国が実際に創設した市民軍は、結果から見る限り、ピサの獲得には多少の貢献をなしたとしても、プラートでの戦闘ではほとんど役に立たなかったと言わざるをえない。直近のこの事実は、同時代人たちにとっては、彼の理論を揺るがす実例と思われたであろう。実際、彼によれば、「市民軍の悪しき結果は、そうした〔非難に値する〕見解をわれわれに抱かせる」。しかし、彼はすぐさま、その結果が市民軍制度それ自体の欠陥によるものではないと釈明している。マキァヴェッリが力説するところでは、プラートでの敗因は、軍事制度の未完成にあり、また、ローマ軍でさえ幾度かは敗北した事実を考慮すれば、わずか一度の敗北で市民軍それ自体が無益ということにはならない。このように『戦術論』は、マキァヴェッリにとっての弁明の書でもあった。

マキァヴェッリの「古代崇拝」は、武器の使用法のような個別具体的な分野にまで及んでおり、それらもまた、同時代の現実政治のための提言へと直結している。例えば、騎兵をさほど重視すべきではなく、軍隊の中枢は、歩兵でなければならないと論じられている。騎兵が不適切な理由は、『戦術論』では戦闘で融通が利かないなどの技術的問題に帰せられているが、軍事と市民生活の密接な関係があるという考察から推測すれば、歩兵重視の姿勢は、民主政の採用と関連があろう。歩兵が軍隊の基礎であれば、政治は、民主政に傾くことになる。

『戦術論』によれば、市民は、もともといくばくかの愛国心を抱いている。市民軍は、軍事訓練の過程でそれを育成し、国家の利益のために戦うことになろう。それは、市民の公共精神を涵養する手段であり、マキァヴェッリによれば、親に従わない子どもですら軍事訓練で国家に奉仕するようになる。市民軍の復活は、腐敗を克服する手段である。

マキァヴェッリは、古代のあり方を重視するあまり、大砲の効果を過小評価しているように思われる。また、市民が戦時にのみ武器を手にして戦うべきだという主張も、後世の軍事的見地からすれば、時代遅れに見えるかもしれない。しかし、マキァヴェッリの軍事的提言が当時の政治に有効でなかったとしても、現実政治への有効性が政治思想家を評価する一次的な基準ではないだろう。彼は、常備軍の創設という近代的構想を抱いていない。彼の関心は、フィレンツェにおける市民軍の復活に向けられており、少なくとも彼は、古代の軍制の価値を当時の読者に説得可能だと考えている。

国家宗教

市民を有徳にするためのもう一つの重要な方法は、宗教の利用である。『ディスコルシ』第一巻第一二章から第一五章で論じられているように、古代ローマの指導者たちは、純粋に国益の観点から宗教を利用しており、彼らの宗教的行為は、神に対する自らの内的な信仰に由来していたわけではない。それゆえ、マキァヴェッリは、支配者が自らの宗教的欺瞞を民衆に見破られないよう配慮しなければならないとすら助言している。神に対する宣誓は、兵士に戦闘を強制する点で有益である。さらに宗教は、戦闘で兵士を勇気づける手段でもある。この宗教の教義は、国家に貢献するものでなければならない。

他方、キリスト教の教義は、マキァヴェッリの構想する共和国では無益である。彼は『ディスコルシ』第二巻第二章で、古代人が同時代人よりも自由への愛着が強かった理由を宗教の違いに求めている。

われわれの宗教は、真理や正しい生き方を教えるけれども、現世の名誉を評価しないよう教える。他方、異教徒は、現世の名誉を重視し、それを最高の善と見ていたため、彼らの行為にはわれわれよりも力強さがあった。……古代の宗教は、軍隊の隊長や共和国の指導者のように、現世の栄光で満ちている人間でなければ、美化することはなかった。われわれの宗教は、活動的な人々よりも服従的で観想的な人々を称えている。われわれの宗教は、謙遜や服従に最高の善を置き、人間世界の事柄を軽蔑する。他方、古代の宗教は、精神の偉大さ、身体の強靭さ、きわめて強力な人間にするための他の事柄すべてに価値を置いている。われわれの宗教が力強さを要求する場合、力強い事柄を行えということよりも、忍耐強くあれということを意味している。

このようにマキァヴェッリによれば、キリスト教は、服従的な人々を称えている。後続する議論によれば、人々は、悪人たちが善人を餌食としているにもかかわらず、悪人たちへの復讐よりも、耐えることを考えてしまう。というのも、彼らは、天国を目指すからである。マキァヴェッリからすれば、キリスト教のこのような来世志向は、現世での重要な事柄、すなわち、自由への愛着や名誉・栄光への渇望を弱めているのである。

マキァヴェッリが理想とする宗教は、祖国や現世的価値を重視する宗教である。彼によれば、「宗教がいかに祖国の礼賛と防衛を促すかを考察するならば、宗教は、いかに祖国を愛し、祖国に名誉を与え、祖国の防衛のために備えることを要求するかがわかるだろう」。ローマ人は、強い宗教心と祖国愛を抱いていた。彼らは、周辺の自由な国家を破壊したゆえに、その後の世界に自由を目指す気風を失わせたが、同様に、キリスト教に基づいた「教育や誤った解釈は、世界の共和国の数を古代よりも減少させた」。彼の共和国を実現できる立法者が現れるとすれば、この立法者は、仮にキリスト教を何らかの形で利用するにせよ、来世での救済という中心的教義を放棄しなければならないだろう。

マキァヴェッリによれば、立法者が神の権威を借りずに新しい体制を導入することは困難であり、リュクルゴスやソロンは、実際にこの手段を活用した。マキァヴェッリがサヴォナローラの行動から学んだのは、文明的なフィレンツェ市民ですら容易に宗教的権威に従うということである。『ディスコルシ』第一巻第一一章によれば、フィレンツェ人は、サヴォナローラが奇跡を実際に起こしたわけでもないのに、彼に盲目的に従った。だとすれば、今のフィレンツェ市民を修道士と同じように服従させることができるはずである。というのも、マキァヴェッリの議論によれば、人間の本性は、つねに同じだからである。彼は、こうした新しい国家宗教の導入が望ましいし、それをフィレンツェに導入することが可能だと信じているのである。

魂の救済の放棄

マキァヴェッリのこの考察を歴史的文脈から見れば、その特異性は明らかとなろう。たしかにルネサンス期の人々は、中世の人々と比較する限り、名誉や栄光などの世俗的価値を重視した。市民たちに最も名誉や栄光をもたらすのは、共和国への貢献であり、当然そこには、市民の政治参加や権力の獲得が望ましいという前提がある。中世とは異なり、一五世紀初頭の人文主義者は、すでに示したように、「活動的生活」の「観想的生活」に対する優位を説いた。さらには、その後のジァンノッツォ・マネッティやパルミエーリなども、こうした現世的価値を肯定している。すなわち、彼らは、市民的徳に基づく政治生活が神への祈りや修道院での生活よりも望ましいという理念を明確に肯定している。あるいは、彼らの一部は、「観想的生活」を学問や哲学への関与として再定義し、二つの生活様式が両立可能であると指摘した。

だが、世俗的な共和国とキリスト教の価値観は、究極的には両立しえないだろう。彼ら人文主義者は、少なくともキリスト教の価値を犠牲にする形で共和国の価値を追求することはなかった。しかし、マキァヴェッリは、人文主義の含意を徹底させ、来世での救済というキリスト教の中心的教義を放棄している。世俗的価値の飽くなき追求は、キリスト教の教義に破壊的な結論をもたらしたと言えよう。彼の思想の際立った特徴は、この意味での世俗的性格にある。人間の生の目標は、もはや来世での救済に向けられていないのである。マキァヴェッリの共和国の市民は、むしろ現世的価値を直接的目標としている点でアウグスティヌスの「地の国」に属している。

これが宗教改革の文脈で表明されていたら、より衝撃的であっただろう。実際、マキァヴェッリの著作は、一五五九年に禁書目録に入れられた。『ディスコルシ』を読んだ一部の知識人にはその世俗性が衝撃を与えたようである。マキァヴェッリは、信心深い人物ではなかった。彼は、自分にはミサに行く習慣がないと述べている。グィッチァルディーニのマキァヴェッリ宛書簡によれば、「あなたのその年齢でご自分の魂について考え始めたとしたら、不名誉になるでしょう。なぜなら、あなたは、つねに正反対の信念で生活してきたからです」。

グィッチァルディーニも、共和国の繁栄がキリスト教の教えと両立しないことを認識している。「私がピサ人を殺せとか、獄に入れておけと言う場合、キリスト教徒としては語っていない。国家理性と慣習に従って語っているのである」。さらに彼によれば、サヴォナローラが示したような「過度の宗教は、世界を破壊させる。なぜなら、それは精神を軟弱にし、人々を無数の過誤に引き込み、多くの勇敢にして男性的な企てから逸脱させるからである」。ここには栄光の追求を市民に要請するマキァヴェッリ的な主張が垣間見られる。

とはいえ、グィッチァルディーニによれば、「私は、キリスト教の信仰や神の崇拝を傷つけようというのではない。むしろ過度なものと適度なものを区別し、それによって人間の精神を促し、何が考慮されるべきであり、無視されるべきかを考えさせることで、それを強化し、増大しようとしているのである」。しかし、彼の言う「適度な宗教」は、「勇敢にして男性的な企て」や、さらには「国家理性」的な残酷さを持ちうるのだろうか。さらに彼は、「きわめて突飛な見解の持ち主」たるマキァヴェッリとは異なり、国家宗教の導入をフィレンツェに求めなかった。マキァヴェッリの目にはグィッチァルディーニの主張は、理論的に徹底していない「中途半端」な道であると見えたかもしれない。だが、具体的な状況での政治判断を重視するグィッチァルディーニは、そこまでの必要性を感じなかったし、実現可能とも思えなかったのだろう。この点で彼は、マキァヴェッリよりも思慮深い現実主義者であるように見える。

マキァヴェッリが神の存在を信じていたかどうかは不明である。彼は、異教徒ではなかったが、その政治論は、『ディスコルシ』や『戦術論』における主張からすれば、きわめて異教的である。すでに示したように、マキァヴェッリは書簡で、「わが魂よりもわが祖国を愛する」と述べている。この言葉は、フィレンツェが教会国家と戦った一四世紀後半からすでにフィレンツェで用いられていたが、教会との戦いのなかでレトリカルに用いられた可能性がある。マキァヴェッリは、その言葉を文字通りに述べていると言えよう。彼は、来世の存在や魂の救済を信じていない。

第六章 イタリアの自由

レオ10世
（ラファエロ・サンティ作）

一　教会国家と新君主

教会国家論

マキァヴェッリは、近代イタリア統一国家の主唱者であるという解釈が一九世紀後半以降に広まった。しかし、この解釈は、当時の政治的関心を『君主論』に読み込んでおり、彼自身の思想の理解とは言い難い。すでに指摘したように、それは、都市共和国フィレンツェに対する彼の一貫した強い愛着を無視せざるをえない。実のところ、本章で示すように、イタリアの解放に関する彼の構想とは、フィレンツェ共和国の自由と完全に両立する。すなわち、マキァヴェッリは、祖国の存続と発展を念頭に置きつつ、実現可能なイタリア解放政策を構想しているのである。

マキァヴェッリが『君主論』でメディチ家の統治対象として想定しているのは、本書でこれまで論じてきた限りでは、教皇領の新君主国群とフィレンツェ共和国の二種類である。しかし、その作品にはもう一つの別の種類の統治対象がある。それは、第一一章で扱われている教会君主国であり、マキァヴェッリのイタリア論は、教皇の政策なしでは考えることができない。以後に示すように、メディチ一族の狙いは、イタリアでの覇権と栄光の獲得であり、『君主論』での多くの考察は、彼らの現実的企図に沿ったものである。

『君主論』第一一章の議論によれば、教皇の地位を獲得することは困難であるが、いったん獲得してしまえば、それを維持するのは容易である。「この権力は、宗教上の古い制度によって支えられており、これらの制度は、非常に強力であるため、支配者がどのように行動し生活しようと、権力を維持することができる」。教皇の地位は、独自の選出制度に基づいており、世襲原理には基づいていない。だが、その制度は、第一に、選出者の同意に立脚しており、第二に、マキァヴェッリが指摘するように、それ自体が慣習に基づいている。さらに第三に、教皇の地位は、いわば神学的な正当性を帯びている。仮に同意・慣習・神聖さという三つが支配に正当性をもたらすとすれば、教会国家は、これらをすべて具備していることになる。教皇の権力の安定性に関するマキァヴェッリの陳述は、皮肉ではない。

マキァヴェッリは『君主論』第一章で、君主国を世襲君主国と新君主国に二分していたが、必ずしもその分類を一貫させているわけではない。第一九章の議論によれば、教会国家とエジプトの君主国はいずれも、正確には世襲君主国とは言えないが、さりとて新君主国とも言えない。それらは、両者のどちらとも異なる君主国である。

スルタンのこの国家は、他の君主国すべてと異なっている。それは、キリスト教の教会国家と似ており、世襲君主国とも新君主国とも呼ぶことができない。なぜなら、先の君主の息子が相続者となり、君主として留まるわけではなく、その人物は、権限を持っている人々によってその地位に選出されるからである。この制度は、古くからのものであるため、新君主国と呼ぶことはできない。したがって、新君主に見られる困難は、ここにはまったくない。たとえ君主が新しくても、この支配の制度は古く、彼をあたかも世襲的な君主であるかのように受け入れるのである。

この論述の要点は、教皇やスルタンの支配には正当性があり、ゆえに権力の維持が容易であるということである。これらの国家では新君主国に固有の困難が見出されない。すなわち、メディチ教皇は、世襲君主国のような安定的統治を期待することができる。そのため、教皇に権力維持の方策を指南することは、さほど重要ではないだろう。

実際、第一一章ではマキァヴェッリは、教会国家で教皇がいかに権力を維持するかという問題とは異なる関心を抱いている。すなわち、そこでの関心は、いかに従前の教皇たちが世俗の支配権を拡大したかを説明することに向けられている。マキァヴェッリは、教会国家が神慮の下に創設されたとレトリカルに述べた後、その拡大の理由を論じることは恐れ多いことだが、にもかかわらず、それを尋ねる人物がいるかもしれないため、その説明を試みると論じてみせている。

マキァヴェッリの説明では、教会国家は、今やフランス王をイタリアから排除しうるほど権力を拡大したが、この成果をもたらした人物は、アレクサンデル六世とユリウス二世である。前者は、チェーザレ・ボルジアを用いつつ、武力と財力でローマ教会の世俗権力を高めた。後者は、カンブレー同盟によってヴェネツィアを破滅させ、さらにはイタリアから神聖同盟によってフランスを排除した。このように教会国家は、世俗的権力を拡大し、一時的にせよ、イタリアに自由をもたらすことができた。マキァヴェッリは、教会国家の拡大が神慮に基づくとは述べていない。それは、教皇の政治力に基づいているのである。

マキァヴェッリは、神聖とされる教会の長に対し、武力や財力でその世俗権力を増大せよとは明言していない。彼は第一一章末尾で、教皇レオ一〇世がむしろ「善性と無限の徳性」で教会国家を偉大にするよう期待すると締めくくっている。しかし、マキァヴェッリがその国家拡大の理由を説明したのは、教皇に俗権の拡大を勧めようとしているからではないだろうか。すでに本書で指摘したように、マキァヴェッリは他の同時代人と同様に、教皇レオがイタリアで教皇領の拡大という野心を抱き、栄光を渇望していることを知っていた。とすれば、彼は、読者レオのこの意向に即した議論を展開していると見るべきだろう。彼が教皇に純粋に徳のみを求めているとすれば、術策を弄したアレクサンデル六世を称賛する意味はないだろう。あるいは、実際に武力を用いるのは、チェーザレ・ボルジアのようにその親族であるという意味だろうか。

軍事指揮官としての新君主

教皇レオ一〇世は、イタリアで勢力を拡大するためには親族を利用することになろう。この場合、教皇の威光を受けた甥のロレンツォは、運に依存した新君主となる。新君主国は、支配の正当性が欠如しているため他国から狙われやすいが、しかし、この新君主ロレンツォもまた、別の新国家の獲得を教皇とともに狙っていた。その獲得はボルジア家の試みと同様に、教皇を後ろ盾とした戦争で成し遂げられるだろう。とすれば、マキァヴェッリが『君主論』第一四章で、「君主は、戦争とその制度や訓練以外にはいかなる目的も関心も抱いてはならない」と助言し、「それこそが支配者が関わる唯一の職責」だと主張していることも容易に理解できる。ジュリアーノとロレンツォはチェーザレ・ボルジアと同様に、いずれも教会軍総司令官の地位に就いた。

戦争の指揮官としての新君主の役割は、『君主論』第二〇章からも読み取ることができる。マキァヴェッリによれば、「運命〔の女神〕は、新君主を偉大にしようと思う場合、彼が世襲君主よりも評判を獲得する必要があるため、彼に敵を作り出し、戦争に駆り立てる」。ここでは、運命を擬人化するルネサンス的表現が用いられているが、比喩を用いずにこれを表現し直せば、新君主は、あえて対外的に敵対関係を生じさせ、評判を獲得しなければならないということになろう。新君主は、権力の簒奪者であるために、臣民の自発的服従を即時に調達することは困難であるが、それを多少なりとも可能にし、共同体としての一体感を高める手段は、対外戦争での勝利であろう。

戦争での勝利は、自国の利益に貢献しうるだろう。もちろん、君主は、敗北するならば、破滅しかねない。しかし、マキァヴェッリは、軍事的行為そのものが君主のカリスマ性を高めるために有効だと見ている。というのも、彼の洞察では、一般大衆は、新奇なものへの強烈な関心を持っているからである。ここでもボルジアの軍事的成功とその評判、さらにはその巧みな演出に関する議論が想起されよう。『君主論』第二一章によれば、スペインのフェルナンド二世が短期間のうちに数々の軍事的成果を収めたことは、臣民を驚嘆させ、彼の対外活動に夢中にさせた。そのため彼は、敵対者たちに反乱を起こす余地を与えなかったと論じられている。

評判の獲得を主題とした第二一章の考察は、国内のみならず、国際社会を想定している。マキァヴェッリによれば、フェルナンド二世は、「弱小の一国王から名声と栄光の点でキリスト教国の第一の王となったため、ほとんど新君主と呼びうる」。この国王は、正確に言えば、国内では新君主ではない。しかし、彼は、国際社会で新たに権力を拡大した君主であり、デ・ファクトにその覇権を獲得したという点では新君主と同様である。すなわち、フェルナンドは、その覇権を必ずしも他者から正当化されているわけではないため、新君主になぞらえられているのである。イタリアにおけるメディチ一族の勢力も、特にイタリア外部の君主たちにとっては、フェルナンド二世の場合と同様の意味で新君主であろう。

『君主論』第二一章でマキァヴェッリは、評判の立つような方法で君主が臣民に賞罰を与えるべきだと簡単に論じた後、中立政策の批判に章の大半を充てている。その議論によれば、君主にとっていずれも脅威である二つの勢力が戦う場合、君主は、いずれかに加担したほうが望ましい。その勝者は、君主が自らの立場を旗幟鮮明にしなかった場合、君主を餌食とするだろう。だが、君主が自らの立場を明確化し、勝者を支持していたならば、勝者は、君主に恩義があるために、君主を裏切ることはできない。君主がたとえ敗者を支持していた場合でも、自らが敗者の味方に立つことを明示していたならば、その敗者から支援を受けることができるという。

しかし、勝者が恩義を忘れて君主を裏切ることもあるし、敗者が君主を支持してくれない場合もあろう。なぜ君主が自らの立場を鮮明にする方策が望ましいのだろうか。マキァヴェッリのこの見解は、根拠に乏しいと言わざるをえない。彼は、フィレンツェ政府が中立政策ばかりで決断できなかったことをあまりに腹立たしく思い、このように主張しているのだろうか。後にグィッチァルディーニは、中立政策を決断することと、そうした決断なくやむをえず中立にならざるをえないことを峻別し、後者の態度を無為や優柔不断として批判している。後述するように、中立政策に対するマキァヴェッリの批判は、君主の無為に対する批判と重なっているように思われる。

新君主の名誉と栄光

このように新君主には軍事指揮官として振る舞うことが要請されている。戦争は、名誉や栄光の獲得の好機でもある。すでに本書で見たように、マキァヴェッリによれば、ボルジアは、ロマーニァ地方の多くの国家を獲得し、それを適切に維持したのみならず、高い評判を獲得したと叙述されている。しかもこの見解は、イタリア政策との関連で提示されている。すなわち、『君主論』最終章によれば、現在のイタリアは惨めな状態であり、ボルジアにはそれを克服する機会があった。彼はその後、運命によって見捨てられたため、名誉や栄光を獲得しえなかったが、彼がイタリアに利益をもたらそうとしていたというマキァヴェッリの理解には留意すべきであろう。

ボルジアは、イタリアの北中部で一定の勢力を形成し、フィレンツェを脅かす存在であったが、外部列強への対抗という意味ではマキァヴェッリとボルジアは、利益を共有している。もしボルジアが父の教皇アレクサンデル六世とともにイタリアから外敵を排除していたとすれば、マキァヴェッリは、彼に名誉や栄光を与えていたであろう。ただし、この場合には、以後に見るように、フィレンツェの自由や繁栄の確保が前提条件であっただろう。

本節で見たように、『君主論』の教会国家論は、イタリア政策をテーマとしている。さらに新君主は、教皇によるイタリア政治の一翼を担い、とりわけ教会軍総司令官として戦争を遂行することがマキァヴェッリにとって自明の前提である。教皇たちがイタリアでの覇権と栄光を求めてこのような政策を進めてきたことは、当時の人々にとっては説明を要しない。イタリア政策の考察は、教会国家と新君主国に関する考察と不可分であり、彼は、ボルジア父子が遂行したこと、あるいはそれ以上の偉業がメディチ家に可能だと訴えているのである。

これまで本書で示してきたように、マキァヴェッリは『君主論』で、君主国を類型化し、それぞれの類型に即応した助言を個別的に提供している。大局的に言えば、そこには新君主国、フィレンツェ共和国、教会国家という三種類の統治に対する考察がある。次に示すように、彼は、これらを複線的に提示したうえで、さらに最後の数章(第二四章から第二六章まで)でそれら全体を包括するようなイタリア論を展開しているのである。

二　イタリア解放の勧め

1　イタリアの大義

「イタリア解放」の伝統

マキァヴェッリは『君主論』の最終章で、たしかにイタリアの解放を主張している。彼を近代イタリア国家の提唱者だと解釈する伝統的立場は、その主張からこの作品にイタリア規模での「統一国家」の観念を読み込んでいるが、彼はその箇所で、イタリアの統一ではなく、たんに解放を主張しているにすぎない。本節では、まず、『君主論』におけるイタリアの「解放」や「自由」に関する理念の表明は、マキァヴェッリの独創的な訴えではないことを指摘しておこう。その後、彼のイタリア論の具体的内容を確認しよう。

イタリアの大義の表明は、伝統的なものである。例えば、かつてローマ教皇は、北方の「蛮族」と対立した場合、「イタリアの自由」という大義を掲げた。中世ではそうした理念の表明は、皇帝と対立していた教皇がイタリアの都市の支持を獲得するために効果的な手段であった。

さらに「イタリアの自由」は、フィレンツェが外交上繰り返してきた理念でもある。例えば、すでに示したように、かつて書記官サルターティは、「イタリアの自由」という対外的なプロパガンダを展開していた。フィレンツェは「八聖人戦争」の際、教皇庁がイタリアから離れていたため、あるいは、教皇がアルプスの彼方の勢力や傭兵を利用していたため、「トスカーナの自由」とともに「イタリアの自由」という表現を用いていた。この書記官は、ミラノ公のようなイタリアの専制君主からロンバルディアを解放するという意味でも、フィレンツェが「イタリアの自由」の擁護者だと訴えていた。これらの議論からは、イタリアの大義は、そこでの国家的統一を意味するものではなかったことが分かる。

イタリアの解放や自由というスローガンは、容易に推測されるように、フランス王シャルル八世のイタリア侵攻後に多用されるようになった。サヴォナローラは、フィレンツェを端緒とする全イタリアの改革を説きつつ、イタリアの「統一」の期待を繰り返し表明している。彼の統一が近代国家を指示するものではないことは、改めて言うまでもないだろう。また、教皇ユリウス二世は、スイス人の援助の下にイタリアから外敵を排除しようと考え、「イタリアを野蛮人どもから解放する」というメッセージを連発した。このようにイタリアの自由や解放という表現、さらには統一という表現ですら、マキァヴェッリの時代にはすでに常套句であった。

ヴェネツィア共和国は、ロンバルディア東北部の諸都市をめぐる皇帝やフランス王との戦いから明らかなように、その地理的条件ゆえにアルプスの彼方の諸国と直接的に対峙することとなった。その際、ヴェネツィアは、自らを「イタリアの自由」の擁護者だと喧伝した。このようにイタリアの大義は、イタリア諸国の利益と重複する場合に頻繁に用いられていた。もっとも、それは、すでに示唆したように、他のイタリア国家の犠牲の下に自国の利益を追求する局面でも利用されていた。

イタリアの「スタート(支配)」

マキァヴェッリが『君主論』で、イタリアでの単一国家の創設を訴えていないとすれば、イタリア解放の勧めは、けっして新奇な主張ではない。もし彼が他の人々に先駆けてその新奇な構想を抱いていたとすれば、彼は、伝統的な認識を抱いている読者に新しい国家のあり方を明らかにしなければならなかったであろう。しかし、彼は『君主論』で、そうした国家像を提示していない。

むしろ、マキァヴェッリが『君主論』の最後で引用している一節、すなわち、「古代の武勇は、イタリア人の心に残っている」という一節は、伝統的な権威たるペトラルカの詩である。マキァヴェッリがそこで読者に想起させようとしているのは近代イタリアではなく、古代イタリア、つまりローマの武勇である。
マキァヴェッリは『君主論』で、イタリアの統一には触れていない。彼の著作のうちで、イタリアの統一について明確に触れているのは、『ディスコルシ』の次の箇所のみである。

フランスやスペインのように、ある地域全体が一つの共和国ないし一人の君主の支配に服していないならば、統一的とも幸福とも言えない。イタリアが同様の状態にない理由、すなわち、そこを統治する一つの共和国ないし一人の君主がいない理由は、教会にある。教会は、イタリアで大きな世俗的な権力を保持しながらも、イタリアの残りを占領し、自ら支配者となるほどの権力も力量も持たない。

この一節で注目すべきは、マキァヴェッリが「一つの共和国」(あるいは君主国)にその地域全体が服従している状態を統一と呼んでいることである。この統一とは、裏返せば、一つの国家が他の複数の国家や地域を支配している状態である。ここで想起されるべきは、彼が『ディスコルシ』で古代ローマを模倣するよう読者に繰り返し訴えている事実であろう。その訴えを考慮すれば、マキァヴェッリの理想としている統一とは、共和政期ローマのイタリア支配のように一国が他の国家や地域を支配している状態であり、いわゆる「帝国」的支配と見るのが自然であろう。彼にとってその頂点に立つべきその一国とは、もちろんフィレンツェである。

マキァヴェッリが一つの共和国による他国支配を望ましいと考えていたことは、グィッチァルディーニが『ディスコルシ』に注釈を施した作品『マキァヴェッリの『ディスコルシ』に関する考察』から裏づけられる。彼はその中で、マキァヴェッリの見解を批判的に論じ、一つの共和国がイタリアを帝国的に支配すれば、それは、一つの共和国が他国を過酷に支配している状態に他ならないと指摘している。グィッチァルディーニにとって、一つの共和国による帝国的支配よりも、多くの諸共和国がイタリアに並立する伝統的な状態こそ好ましい状態である。この批判から翻って、マキァヴェッリが一つの共和国によるイタリアの帝国的支配を理想としていたことが確認できよう。

『ディスコルシ』と同様に『君主論』の考察からも、マキァヴェッリがイタリアで一つの国家を形成すると構想していなかったことが読み取れる。すでに見たように、彼は、『君主論』第三章でロンバルディア地方を例示し、従来の固有の法律や税制を存続させるべき国家や地域がそこにあると主張している。すなわち、彼は、ロンバルディア地方ですら一つの国家として統合することを企図していない。さらに、その第四章以降の国家分類論の展開からもうかがえるように、マキァヴェッリは、イタリアでも様々な性質の都市国家があり、それぞれの性質に適合する統治を個別的に行わねばならないと考えている。仮に彼の政治的狙いがイタリア規模で何らかの「スタート(stato)」を構築することであり、それを国家と呼ぶにせよ、それは、せいぜい「複合国家」であろう。

2　マキァヴェッリのイタリア論

イタリア論の内容

では、マキァヴェッリは『君主論』のイタリア論で、読者にどのようなメッセージを伝えようとしているのだろうか。その議論は、第二四章から第二六章までの三つの章で展開されている。それらを順に要約するならば、マキァヴェッリは、まず第二四章「なぜイタリアの君主たちが権力を失ったのか」で、イタリアの君主たちが完全に運任せにし、怠慢だったために、権力を失ったと指摘している。続く第二五章「運命は、人間事象にどれほど力を持っており、運命にどのように抵抗すべきか」で彼は、物事がすべて宿命として定まっているのではなく、人間が半分ほどは自由に決定できると主張している。彼は、このように君主の無為を戒めたうえで、最終章「イタリアを防衛し、蛮族から解放する勧め」において、イタリアを外敵から解放するよう読者に激励している。同章での中心的主張は、イタリアの解放のためには軍事力が不可欠だというものである。

要するに、マキァヴェッリがこの三つの章で訴えかけていることは、ヴィルトゥを備えるならば、フォルトゥナを抑えることができるということである。すなわち、そのヴィルトゥとは、ここでも軍事力がその意味の中核を占めており、それによって君主は、外敵をイタリアから排除しうる。これは、君主の地位を維持し、その運命の変転を阻止することである。あえてこの主張を二つに分けて言えば、彼は、読者に次のメッセージを発している。第一に、人間が運命を抑制しうると認識すべきである。第二に、自前の軍事力を保持すべきである。以後では、やや詳しくこの議論を見ておこう。

運命に対する態度

マキァヴェッリは、この二つのメッセージをイタリア論の部分で同時並行的に発している。たしかに十全なヴィルトゥを備えていることは、フォルトゥナに左右されないことと同義であるが、人間は、神ではないためその能力に限界があり、制御しえない領域がつねに存在する。人間は、例えば、大雨を降らさないようにすることはできない。その意味で人間は、フォルトゥナを完全に克服しえない。とはいえ、マキァヴェッリは、人間の力で制御可能な範囲が半分ほどはあると力説しており、これは、人間が偶然性や不安定性の程度を減少させうるという主張でもある。『君主論』第二五章冒頭の有名な一節を見ておこう。

昔も今も多くの人々は、この世の物事が運や神によって支配されているので、人間は、思慮によってそれに抵抗することができない、いや、対策さえ講じえない、という意見を抱いてきた。このことを私も知らないわけではない。彼らは、この世の物事について苦労すべきでなく、運に支配させるのがよいと判断している。特に今日では、人間の推測から外れるような大変動が日々見られるため、こうした見解はいっそう信じられやすい。私もこうした変化を考えると、彼らの意見に傾きがちである。にもかかわらず、われわれの自由な意志は、排除されるべきではなく、運命〔の女神〕は、われわれの行動の半分を裁定するとしても、彼女はわれわれに残りの半分か、あるいは、半分近くを支配させていると見るのが正しいと私は思う。

このようにマキァヴェッリは、いわゆる宿命論的な立場を採らず、人間に一定の選択の余地が残されているという姿勢を鮮明に打ち出している。

マキァヴェッリは第二五章の残りで、運命への対処法とイタリア問題を関連づけている。右に引用した一節の直後、彼は、運命を河川の氾濫になぞらえながら、イタリアの君主たちが氾濫の可能性を考慮し、対策を講じておくべきだったと論じている。

同じことが運命(fortuna)についても妥当する。運命がその力を発揮するのは、それに抵抗する方策が準備されていない場合である。運命を抑止する堤防や堰が作られていないことがわかれば、運命はそこに猛威を向けるのである。イタリアは、変動の拠点であり、震源地である。そのイタリアを考えるならば、それがいかなる堤防も堰もない平原だと分かるだろう。ドイツやスペインやフランスのように、イタリアが適切な対策(virtù)によって防御されていたならば、この洪水は、現在のような激変を引き起こさなかったか、あるいは、洪水そのものが生じなかったであろう。

君主たちが運に依存しているという批判は、後年の『戦術論』でも繰り返されている。人間は、大雨を降らさないようにすることはできないが、大雨に備えて堤防や堰を築くなどの対策を講じれば、洪水の被害を少なくすることはできるし、あるいは、その対策は、洪水そのものを生じさせないこともできるかもしれない。

果断と慎重

マキァヴェッリは第二五章のわずか三分の一ほどで、君主による運命への対処法を右のように結論づけ、次に、同じ問題を別の観点から考察し始めている。その問題とは、なぜ二人の人間の性格が変わらないのに、一方は成功し、他方は滅びるのかという問題である。例えば、一方は果断であり、他方は慎重であるにもかかわらず、なぜ両者は、同じように成功するのか。あるいは、二人の人物がいずれも慎重な性格であるにもかかわらず、なぜ一方は成功し、他方は失敗するのか。マキァヴェッリによれば、その理由は、第一に、その人物が運命に依存したか否かにある。第二に、人間の盛衰は、その人物の性格が時勢と合致しているか否かに基づくというものである。この第二の問題も、運命を克服する方法の考察という意味では、第一の問題と同じであろう。

第二五章の残りは、この第二の回答の説明に充てられている。その議論によれば、慎重な君主の性格ないし行動様式が時勢に合致していれば、その君主は繁栄するが、時代が変化し、果断な行動が必要になった際、この君主は、慎重な生き方を変えない限り滅びる。われわれにとって不可解なのは、ある一つの性格が政治的成功をもたらすというマキァヴェッリの発想である。われわれは通常、政治的成功を性格と一対一で結びつけない。成功はむしろ、性格と他の様々な要因が複合的に重なるところに生じると考えるのではなかろうか。あるいは、われわれは、そもそも果断さと慎重さなどの性格とは無関係に成功の要因を見出すことすらある。おそらく彼の議論の根底には、性格と星辰の関係から成功の理由を探る占星術的な発想があるのだろう。

マキァヴェッリは、果断な性格であったユリウス二世の例を挙げ、その性格が時勢と合致していたために成功を収めたのだと論じている。しかし、彼の推測では、もしユリウス二世が長生きしたならば、ユリウスは、おそらく時勢の変化に対応できず、滅びたに違いない。その章の結論部分では、時勢と性格が合致していれば、成功するが、人間は、自らの行動様式に固執するため、それはきわめて困難であるという。なぜなら、人間は、第一に、その生まれつきの本性から離れられないからであり、第二に、いったんある方法で成功を収めると、その方法からも離れられないからである。人間の本性と経験に関するこの考察からすれば、君主は、成功し続けることはできないということになる。

だが、マキァヴェッリは、成功の継続に関する問題をこれ以上考察していない。彼は突如、慎重よりも果断に振る舞うことが望ましいと主張してその章を終えている。

私は、慎重であるよりも果断であるほうが良いと思う。なぜなら、運命の女神は、女性なので、彼女を支配しようと思えば、彼女を叩き、打ちのめすことが必要だからである。運命は、冷静に事を進める人物よりもこのような人物に服従する。彼女は、女性なので、つねに若者の味方である。若者は、思慮を欠き、荒々しく、大胆に女性を支配するのである。

女性に対するマキァヴェッリの見方の是非をここで現代的価値観から問うのはあまり意味がないだろう。彼は、ユリウスのように大胆に突き進むことが良い成果をもたらすと考えていることになる。

だが、この議論展開には他にも問題がある。例えば、果断さの訴えに関する議論には混乱があるように見える。マキァヴェッリは第二五章の最初で、君主たちが神に祈るか、あるいは無為に過ごしていると批判していた。彼は、そこから議論を展開するうちに無為と慎重さとを混同しているのではなかろうか。もし慎重さを無為と定義するならば、たしかに神や幸運が自らに味方しない場合には、政治において何もしないことは、命取りだろう。しかし、果断さが慎重さと対比される文脈では、慎重さとは、無為とは異なるだろう。マキァヴェッリは、メディチ家に積極的行動を熱心に推奨するあまり、果断さと対比される慎重さまでも否定してしまっているように見える。無思慮な行為が良い結果を招くわけではないだろう。

「時勢(時代の特性)」

マキァヴェッリの議論には他にも不可解なところがある。君主は、その性格と時勢が合致していれば、成功すると主張されているが、「時勢」とはそもそも具体的に何を指しているのか。性格と時勢の一致の問題は、マキァヴェッリが一五〇六年九月に執政長官の甥ジョヴァン・バッティスタ・ソデリーニ宛に書いたと考えられている書簡においてすでに考察されていた問題である。当時の彼は、まだ自身の結論に確固たる自信を持っていないようだが、結論自体は『君主論』のものと同じであり、同書での主張は、長い間の考察の産物ということになる。

だが、時勢については『ディスコルシ』での考察が理解の手掛かりとなろう。第三巻第九章には「いつも幸運に恵まれたければ、時代とともに自らを変えなければならない」というタイトルが付されている。その議論によれば、たしかにハンニバルがかつてイタリアに侵攻した際には、ファビウス・マクシムスの慎重さや時間稼ぎが適切であった。しかし、マキァヴェッリの考えでは、そうした振る舞いがつねに正しいというわけではない。彼の説明によれば、慎重さゆえに成功を収めたファビウスは、スキピオがアフリカ遠征を主張した際には、その政策に激しく反発したが、その際の彼は、マキァヴェッリに言わせれば、当時の状況変化を把握できていなかったのである。

続く第一〇章からは、マキァヴェッリが同時代の特性を読み込んでいることが分かる。その章のタイトルによれば、「指揮官は、敵があらゆる手段で決戦を挑んでくる場合、戦闘を避けることができない」。マキァヴェッリはここで、同時代のイタリアの愚かな君主や共和国がファビウスの慎重さを模範とし、時間稼ぎに終始していると嘆いている。ここから浮かび上がるのは、彼の認識では、同時代のイタリアは、戦争が不可避的な時勢にあり、したがって、慎重さよりも果断な行為あるいは好戦的な性格が必要とされているということである。

自前の軍隊の強調

このように少なくともマキァヴェッリの判断では、当時のイタリアの時勢とは、敵が戦争をしかけてくる状況である。君主の果断なスタンスは、好戦的であることと同一視されており、こうした見方は、読者が軍事力を保有すべきであるという主張と調和的である。

マキァヴェッリは『君主論』最終章の冒頭で、「新君主が名誉を得る適切な機会は、現在のイタリアに訪れてきているのか、また、一人の賢明で力量溢れる君主に名誉を与え、イタリア人全体に利益を与えるような制度を導入するために好ましい状況がそこに存在するのかと考えてみた」と述べている。この主張が軍事力の形成の文脈で発せられていることを考慮すれば、導入すべき制度とは、軍事制度を中核としていると見るべきである。実際、マキァヴェッリはこの直後、『君主論』第六章の武装せる君主たち、すなわち、モーゼ、キュロス、テセウスを再び挙げている。

すでに本書で繰り返してきたように、軍事力は、自前の軍隊でなければ、自らのヴィルトゥとは呼べず、傭兵への依存は、他者の力への依存であり、ゆえにフォルトゥナへの依存に他ならない。『君主論』最終章における次の一節には、イタリアの君主たちが傭兵に依存してきたことへの批判が込められている。

イタリアにおける多くの変革と戦争の中で、イタリアでは軍事的な能力が失われたように見えるとしても、驚く必要はない。というのも、このことが生じたのは、従来の制度が適切ではなく、新しくそれを見出す人物がいなかったからである。新たに立ち上がった者が新しい法や制度を見出し、それらを作り出すならば、彼に名誉を与えることとなろう。

ただし、マキァヴェッリの考える軍事制度は、イタリアの「国民軍」を意味するわけではない。彼には、イタリア内部の複数の国家がそれぞれ武装するという想定がある。彼によれば、もしイタリアの「君主たち」がそれぞれ自前の軍隊を備えていたとすれば、蛮族の侵入という洪水それ自体が生じなかったはずである。ここから明らかなように、彼の考えでは、イタリアの君主たちが自前の軍隊を構築していたならば、そこで一つの国家を創設しない場合でも、蛮族の侵攻という洪水に見舞われなかったことになる。同様に後年の『戦術論』第七巻によれば、「イタリアでは、すでに編制された軍隊を率いるだけでは十分ではなく、まず軍隊を作り上げ、後にそれを指揮することが必要である。……支配者たちが強力な国家と十分な数の臣民を持つことでそれを行う条件を整えるということが必要である」。ここでは一つの政府を持つ「イタリア国民」は、想定されていない。

説得の対象

イタリアの軍隊を率いるためにはリーダーシップが不可欠である。『君主論』最終章の次の一節からは、メディチ家がその指導者となるべきだという主張が明らかである。

イタリアは、蛮族のこの残忍さと横暴から救済してくれる人物を遣わしたまえと神に祈っていることが分かるだろう。……さらに、旗を掲げる人物がいるならば、皆がその下に馳せ参じようとしていることが分かるだろう。ご尊家は、幸運と力量を備え、神の恩恵を受け、今や君主たる教会の恩寵を受けている。ご尊家がこの贖罪の指導者となることほど、イタリアが期待できることは現在ないと考えられている。

この一節には、メディチ家が神から恩寵を受け、「贖罪の指導者」となるという宗教的表現がある。さらに、マキァヴェッリは同じ箇所で、「イタリアが長年その救世主を待ち望んできたこの機会をけっして見逃してはならない」と力説している。こうした宗教的表現の利用は、当時の慣習を考慮すれば、不自然ではないだろう。しかもこうしたレトリックは、教皇にメッセージを発する場合に特に有効であろう。

マキァヴェッリが『君主論』をロレンツォに献呈しようとしていることは、その献辞から明白であるが、しかし同著は、従来のいくつかの解釈とは異なり、彼(ないしジュリアーノ)のみを読者と想定しているわけではない。その最終章には、「ご尊家」という表現があり、彼がそこでメディチ家全体に対するメッセージを発していることが分かる。すでに見たように、『君主論』第一一章でも教皇レオ一〇世への提言があり、メディチ教皇もその読者として想定されている。イタリアの大義は、特に教皇が伝統的に用いてきたレトリックである。教皇に求められているヴィルトゥとは、軍事力を別とすれば、積極的なリーダーシップの発揮であろう。

三　イタリア解放の戦略

メディチ諸国の連合

では、イタリアを解放するための具体的方法とは、どのようなものだろうか。すでに指摘したように、マキァヴェッリは、フィレンツェ共和国がイタリアを支配することを理想としているが、祖国が独力で実現可能なのは、広く見積もってもトスカーナ地方の支配に限定されている。とはいえ、彼は同時代人と同様に、イタリアの自由のために何らかの方法が不可欠なことも痛感している。その方法は、メディチ諸国の連合ないし同盟である。

たしかにマキァヴェッリは書簡で、「イタリア人の連合」を実現不可能であると一笑に付している。しかし、この連合とは、文脈と政治状況から判断すれば、ヴェネツィア、教皇、ミラノなどのイタリア諸勢力との同盟であろう。それら諸国は、例えば、教会国家とヴェネツィアがロマーニァの諸都市をめぐって争っていたように、従来しばしば対立してきたし、今後も対立するだろう。

マキァヴェッリの構想している連合は、この実現困難なイタリア連合とは異なり、メディチ諸国の連合である。具体的に言えば、それは、フィレンツェ共和国、教会国家、新君主国の同盟である。これらの諸国ないし地域は、いずれもメディチ家の支配下にあるために容易に軍事的協調が可能である。もちろん、この同盟は、状況次第で他の諸国と同盟を結ぶだろう。

マキァヴェッリの構想がイタリア統一国家の創設という新奇なものではなかったとすれば、その具体的政策が読者に提示されていないことは、むしろ自然であろう。すでに示したように、同著のイタリア論が読者に伝える理念とは、イタリアの自由という伝統的な理念にすぎない。彼が『君主論』でなすべきことは、従来の理念を再表明しながら、メディチ教皇に積極的かつ迅速に政策を推進するよう念を押すことのみであった。慣例的主張からのほとんど唯一の例外は、自前の軍事力の構築であり、マキァヴェッリの力点は、そこにある。

対仏防衛の拠点としての新君主国群

もちろん、当時の教皇たちは、自らがイタリア全体を直接支配しうると考えるほど楽観的だったわけではない。彼らの行動から判断すれば、当面の具体的目標は、イタリアのとりわけ北中部の諸都市をいかに多く自らの支配下に置くかということであろう。

イタリア北部のロマーニァ地方やロンバルディア地方は、フランス王が南下してくることを考えれば、戦略的に重要な拠点である。教皇ユリウス二世は、甥のウルビーノ公フランチェスコ・マリア一世・デッラ・ローヴェレを用いながら支配権を拡大し、ロマーニァ地方を手中にした。ユリウス二世が後のジュリアーノの新君主国群、すなわち、ピアチェンツァ、パルマ、レッジョ、モデナを手中にしていたことも、留意されるべきだろう。しかし、ユリウスは、いったんは外敵を排除したとはいえ、イタリアの自由を確保できたわけではない。その後のイタリアも、依然として外敵からの侵略の不安から解放されていなかった。

大国フランスの北イタリア侵攻は、教皇レオ一〇世の就任当初からの大きな懸念であった。実際、一五一三年五月にフランス王ルイ一二世は、ロンバルディアへ南下した。この危険は、ノヴァーラでのスイス軍の勝利によって取り除かれることになったが、その出来事からレオは、イタリア北部に防衛拠点を築いておかねばならないと強く意識したであろう。教皇は、フランスの過度な勢力低減を懸念していたが、「イタリア全体の自由のために」フランスがミラノを回復しないよう配慮し続けた。

新フランス王フランソワ一世は、その地位に就いた一五一五年初頭からすでにイタリア侵攻の野心、とりわけミラノ再獲得の野心を示していた。そのため、グィッチァルディーニの『イタリア史』によれば、「他のいかなる考慮にもまして教皇を支配していたのは、ミラノ公国が外国の君主たちに領有されないようにしたいという欲求である」。教皇レオ一〇世がロンバルディアやロマーニァの諸都市を可能な限り多く獲得し、そこを親族に支配させるならば、それら新君主国群は、イタリア防衛のための地政学的な要衝となろう。

フィレンツェ共和国の活用

教皇レオ一〇世は、教会国家と新君主国という二勢力を掌握することになるが、銘記すべきは、彼がフィレンツェの勢力を利用しえたことである。この点で教皇レオは、従来の教皇たちと決定的に異なっている。

ジュリアーノは、一五一五年に教会軍総司令官となり、ロレンツォがフィレンツェ軍の隊長となった。すなわち、メディチ教皇は、教会勢力とフィレンツェとの統一的な軍事政策がいっそう容易になったのである。事実、フィレンツェ軍は、パルマやピアチェンツァの防衛のために教会軍との共同作戦が期待された。ミラノを死守しようとしていたレオは、それらの都市の防備という建前で、教会とフィレンツェの重装歩兵をロンバルディアに派遣し、ジュリアーノにその指揮を執らせていた。フランソワ一世は八月、ロンバルディアに南下し、メディチ諸国とフランスとの戦争の可能性が濃厚となった。教皇は、ジュリアーノの病気のため、八月初頭にロレンツォを教会軍総指令官に就かせた。この時点でフィレンツェ軍と教会軍は、形式的に同一人物の指揮下に置かれたことになる。

ただし、ロレンツォは、教皇の道具になることを歓迎していたわけではない。彼は、フィレンツェでの自らの支配が親仏政策に依存していると考えていたため、教皇レオに反仏政策の転換を訴えた。しかし、レオは八月末、彼に「イタリアの自由」を考慮すべきであり、教会・フィレンツェ軍がフランスを打ち負かすべきだと答えた。

そのため、ロレンツォのフィレンツェ軍は、パルマやピアチェンツァの防衛という名目でロンバルディア方面へと向かったが、自らの軍隊をフランス軍と接近させないよう配慮した。フランス軍は、一五一五年九月にマリニァーノでスイス軍に勝利した。この結果、レオは、一〇月にフランソワと協定を締結せざるをえなかった。

ジュリアーノが一五一六年三月に死去すると、教会の軍事指令官としてのロレンツォの役割は、いっそう重要となったと見てよいだろう。実際、教会・フィレンツェ軍は六月初頭には、ウルビーノをペーザロなどの周辺都市や領土とともに制圧した。これは、すでに述べたように、おそらく『君主論』完成後のことであろう。さらにウルビーノ獲得後も、教会国家とフィレンツェ共和国との共同戦線が遂行された。教皇レオとロレンツォは、ロマーニァ地方に軍隊を投入し続けたが、その一部は、正規のフィレンツェ軍であった。

フィレンツェと教会国家の共同戦線

マキァヴェッリの『ディスコルシ』第二巻第二二章には、教皇レオ一〇世のロンバルディア政策に関する言及がある。この部分は、マリニァーノの戦いの後に執筆されたことになる。その考察によれば、レオに中立政策を進言した人々は、「教会は、フランス王やスイス人にイタリアで勢力を獲得させるべきではないし、教会がかつての自由を回復しようとするならば、双方の勢力による隷属から解放されなければならない」と説得した。

　同じ箇所によれば、教皇レオは、ロンバルディア境界に派遣可能な軍隊を持っており、教皇領を守るという名目でフランスとスイス両軍の側に軍隊を駐留できると考えていた。マキァヴェッリの説明によれば、教皇は、両軍の戦闘後には勝者といえども疲弊が激しいゆえに、自らがその勝者を容易に破滅させうると判断していた。「その結果、教皇は栄光を獲得し、ロンバルディアの君主や全イタリアの支配者になりうると考えていた」。マキァヴェッリは、教皇の中立政策自体は批判しているが、このようにロンバルディア地方での支配権確保が教皇のイタリア政策の重要課題と考えており、かつ、教皇自身もこのことを認識していたと見ている。

イタリア解放に関するこの方策は、マキァヴェッリに固有のものではない。『君主論』の執筆は、フィレンツェと教会の軍隊が共同で対仏作戦をすでに展開していた時期になされた可能性がある。仮に同著がより早い時点に完成していたとしても、マキァヴェッリは、イタリア解放のためにメディチ教皇によるフィレンツェ軍の活用を考えていたであろう。無力なフィレンツェの立場から判断しても、イタリアの外部列強に対抗しようと試みる限り、教皇の政治力を利用しない手はない。

実際、後年の政治的推移は、この推測を裏づけている。教皇レオ一〇世は一五二一年一二月の死去に至るまで、フランスの排除のために、フィレンツェを含む諸国との軍事同盟を展開しており、ピアチェンツァ、パルマ、レッジョ、モデナは、特にミラノ攻防の要衝であり続けた。特に一五二〇年には彼は、フィレンツェ、ウルビーノ、ペルージァ、ボローニァに強力な影響力を及ぼし、かつ、チッタ・ディ・カステッロ、カメリーノ、シエナなどと同盟を結んだ。この事実から言えば、一定のイタリア勢力を結集しえたのである。

このようにイタリア内諸国、とりわけ中部の弱小勢力との同盟は、教皇レオ一〇世やマキァヴェッリが念頭に置いていた政策であろう。ただし、このメディチ諸国ですら、相互の利益が共通する局面では、フランス王や皇帝などのイタリア外部列強とさえ戦略上同盟を結ぶであろう。これら外部列強同士がしばしば敵対関係にあったことは、改めて言うまでもない。後のクレメンス七世、つまりジュリオ・デ・メディチも、実際にフィレンツェ軍を利用しながらイタリアの同盟を形成し、大国と対峙することになる。

イタリアの破滅とマキァヴェッリの最後

一五二四年一〇月フランス王フランソワ一世は、皇帝カール五世によるロンバルディアとナポリの支配を阻止するため、イタリアに侵攻した。フランス軍は翌年二月、パヴィアでスペイン軍と対戦したが、完敗に終わり、国王フランソワ本人が捕虜となるという大失態を演じた。この戦いの結果、これまでフランスとスペインとの勢力均衡を想定してきたイタリア諸国は、強大化したカール五世の勢力を削ぎ落とすことを共通の目標とした。

マキァヴェッリは一五二五年五月、『フィレンツェ史』を教皇クレメンス七世に献呈すべくローマ教皇庁に赴いた。彼がロマーニァ地方で自前の軍隊を創設するよう熱弁を振るったのは、この時である。教皇は、この政策の是非を検討すべく、ロマーニァ総督のグィッチァルディーニのもとへマキァヴェッリを送ったが、彼は、すでに本書で述べたように、ロマーニァの人々への不信感や時間不足などの理由から積極的には支持せず、おそらく教皇に判断を任せたが、優柔不断な教皇は、これを実行に移さなかった。

一五二六年三月マキァヴェッリは、メディチ家の分家の一人とカテリーナ・スフォルツァとの間にできたジョヴァンニ・デ・メディチがイタリア兵に信頼されているため、この「黒隊のジョヴァンニ」に軍を率いさせるという無鉄砲なことをグィッチァルディーニに説いた。グィッチァルディーニは、教皇らにこの案を相談したが、最終的にはそれも退けられた。

さらにマキァヴェッリは、戦争に備えてフィレンツェの市壁を強化しなければならないと教皇に訴えたようである。教皇は、今回は彼に賛成し、フィレンツェのパッセリーニ枢機卿に市壁補強委員会を創設させた。『戦術論』の著者として名の知れていた軍事専門家マキァヴェッリは、その委員長、兼書記官を任された。彼は、一四年ぶりにヴェッキオ宮に戻ってきたことになる。だが、ミラノを支配下に置いたカール五世は、いつフィレンツェに侵攻しても不思議ではなかった。彼は、五月一七日にグィッチァルディーニ宛書簡で「イタリアを解放してくださいますように」と書いている。

この頃、フランス、教会国家、ヴェネツィア、フィレンツェ、ミラノ、ジェノヴァは、反皇帝という目的から「コニャック同盟」を発足させた。しかし、この同盟は、加盟国がそれぞれの利益を追求したがゆえにひどく分裂していた。事実、戦争が始まると、同盟がまったく機能しなかった。グィッチァルディーニは、マキァヴェッリをフィレンツェから呼び寄せ、退廃の凄まじい軍隊に規律を与えさせようとした。こうした努力と意識は、そこに集まったイタリア各国の指揮官らには共有されなかったようである。

同盟軍は、皇帝の支配下にあったミラノを九月に降伏させたが、その直後ローマから信じられない知らせが入ってきた。教皇クレメンス七世がコロンナ枢機卿と八月に休戦協定を結び、自らの兵を解雇したのである。しかも、協定が遵守されると信じていた教皇は、九月にコロンナ軍に襲撃を受けると、サンタンジェロ城に逃げ込んだ。ヴァチカンが略奪されると教皇は、再び協定を結び、四カ月間の休戦と教会軍のロンバルディアからの撤退に合意した。同盟の総司令官グィッチァルディーニの怒りと失望は、いかほどだったであろうか。教皇は、この頃にはマキァヴェッリを身近に置こうと思うほど彼に好意的であったが、マキァヴェッリは、教皇がローマで子どものように捕らえられたと冷淡に論じている。

ドイツ傭兵ランツクネヒトは、ヴェネツィアの抵抗を受けることなく、ポー川へ向けて下ってきた。これに唯一抵抗したのは、マキァヴェッリが期待をかけていた「黒隊のジョヴァンニ」である。しかし、彼は一一月、一部の兵を率いて敵に果敢に戦いを挑んだものの、マントヴァで戦死した。マキァヴェッリは、「ジョヴァンニ殿の死は、あらゆる者にとって悲しいことです」と嘆いている。

一五二七年になると、パルマにいたグィッチァルディーニは、マキァヴェッリをフィレンツェから呼び出した。マキァヴェッリは、フィレンツェから同盟軍のいるアペニン山脈の彼方へ、あるいは、ローマへと赴くことが多くなっていた。六〇歳手前の彼には、馬で各地を飛び回ることは、けっして容易ではなかった。グィッチァルディーニは、熱心に戦おうとしないウルビーノ公をマキァヴェッリに説得させたが、公は、皇帝軍から安全な距離を取り、後方から漫然とその後を追うということをやめなかった。ウルビーノ公は、メディチ教皇レオ一〇世がロレンツォに与えるためにかつてその地位を奪った人物である。

皇帝軍は、トスカーナへ向かってフィレンツェを略奪するだろうと予想された。マキァヴェッリは四月、幼い息子グィードに優しい書簡を書き、危険が迫る前に必ず帰郷すると伝えている。彼はその後、家族を田舎から市内へと避難させた。グィッチァルディーニは、ロンバルディアが安上がりに守れるならば、そうするが、守れなくなれば、残った兵士と資金で絶対にフィレンツェを守ると述べている。彼は、イタリアを救うことがフィレンツェを救うことになると考えているが、救うべき対象の優先順位はマキァヴェッリと同様に、あくまでも第一がフィレンツェ、第二がイタリアである。

マキァヴェッリは、敵がもっぱら戦争を求めて進軍しているのにもかかわらず、戦争か平和か迷い続けている同盟軍にいらだっていた。教皇クレメンス七世の優柔不断に辟易しているグィッチァルディーニも同様であった。マキァヴェッリは、「六〇年の人生が私に与えた経験から言いますと、これほど大きな苦境に直面したことはありません」と述べている。彼が「わが魂よりもわが祖国を愛する」と表明したのは、この危機の時である。

教皇クレメンス七世は、皇帝カール一世と講和を探った。しかし、講和の条件に不満を抱いていた皇帝軍は、マキァヴェッリが防備を固めていたローマに向って南下した。講和を信じていたクレメンスが武装解除していたローマは、ドイツ傭兵たちの略奪にさらされた。一五二七年五月に始まる「ローマの劫略」である。

フィレンツェは、教会国家と運命共同体であったため、メディチ政権も、あえなく崩壊した。すでに四月にニッコロ・カッポーニは、パッセリーニ枢機卿の支配に対する市民の不満に乗じ、二六日に反乱を起こしていた。グィッチァルディーニがカッポーニとメディチ派との調停を試みていた頃、フィレンツェにローマ劫略の情報が入り、メディチ派の勢力は、急激に衰えた。その結果、カッポーニらは、都市の支配権を掌握し、大評議会体制を復活させた。

フィレンツェから離れていたマキァヴェッリは、仕官の期待を胸に帰郷したことであろう。彼は六月、第二書記局書記官に立候補した。しかし、おそらくはメディチ家への関与が深かったため、その願いは、叶わなかった。マキァヴェッリは落選の知らせを聞いた後、病に倒れ、六月二一日にこの世を去った。

病床に伏していたマキァヴェッリは、ある夢を見たと傍らの友人たちに話したと言われている。彼はその夢の中で、ぼろをまとった男たちの群れに出会い、その男たちに何者か尋ねてみると、彼らは、天国に行く聖者たちだと答えたという。彼が次に見たのは、宮廷の服を身にまとった人々であり、その中にはプラトン、プルタルコス、タキトゥスなど古代の名だたる論者たちもいた。ニッコロは再び、彼らに何者かと尋ねると、彼らは地獄行きを宣告された者たちだと答えた。彼は、この夢の話を語り終えると、友人たちに次のように話したという。私なら、初めの者たちと一緒に天国に行くより、地獄で偉人たちと政治を論じたい、と。

おわりに――ルネサンスの思想家マキァヴェッリ

『ディスコルシ』の挑戦

すでに本書で繰り返してきたように、マキァヴェッリは、けっして近代国家や国民国家を提唱していない。その意味では彼は、近代の思想家ではない。彼の理論は、依然として都市国家の政治的視点を脱していないため、この文脈では彼を前近代の思想家と呼ぶほうが適切であろう。ある思想家が前近代的であるよりも近代的であるほうが望ましいと一般的には思われがちである。というのも、そこには近代のほうが中世よりも優れているという価値的前提があり、その根底には自らが属している時代を高く評価したいという自然な欲求があるのだろう。とはいえ、その価値づけは、さほど自明なことではない。

もちろん、マキァヴェッリを中世やルネサンスの思想家と呼ぶことは、その思想に新しさがないということではない。彼は『ディスコルシ』第一巻の序文で、自らの功績を新大陸の発見になぞらえ、前人未到の道へ踏み込んだと誇っている。彼自身が強く意識しているこの新しい試みとは、いったい何だったのか。同じ箇所によれば、同時代人には古代政治に対する無理解があり、それは、「現在の宗教が世界にもたらした脆弱さ、あるいは、キリスト教の多くの地域や都市における利己的な怠惰というよりも、むしろ真の歴史認識の欠如から生じている」。彼が少なくともこの文脈で問題視しているのは、キリスト教の態度以上に同時代人の歴史認識のあり方である（おそらくその誤った認識は、キリスト教の態度から生じていると考えられているのであろう）。では、古代ローマに対するどのような認識が支配的だったのか。

マキァヴェッリは『ディスコルシ』第二巻第一章で、「ローマ人が支配権を拡大した理由は、実力と幸運のいずれによるものか」という問題を考察している。その冒頭の一節からは、従来のローマ史認識に対する批判的姿勢が明らかである。

偉大な歴史家プルタルコスを含めて、多くの人々は、ローマ人が支配権を獲得した理由は、実力よりも幸運に恵まれた点にあるという見解を抱いている。提示されているいくつかの理由のうち、彼〔プルタルコス〕が述べているのは、ローマ人自身の証言が示しているように、ローマの勝利がすべて幸運から与えられたものであり、彼らは、他の神よりもまず運命の女神に神殿を建てたというものである。リウィウスもこの見解に同意しているようである。というのも、彼がローマ人に語らせている箇所では、幸運に結びつけずに実力で説明している箇所は、ほとんどないからである。〔しかし〕私は、どうしてもこの見解を認める気にはなれないし、それが支持されうるとも思わない。

このようにマキァヴェッリによれば、多くの人々は、ローマが支配権を獲得した理由を幸運に求めており、彼は、この理解に不満を示している。

歴史的事象を説明する場合、二つの伝統的方法を指摘できるだろう。第一は、ある事象が神慮の実現だと解釈する方法である。この見地からすれば、古代ローマの成功は、他のすべての人間的事象と同様に、全能なる神の摂理の一部であろう。例えば、アウグスティヌスは、ローマ人が世界の支配者となった理由を彼らの徳性に求めているが、彼の考えでは、彼らの支配権は、徳の報いとして神が与えたものに他ならない。それゆえ、人間が歴史にまったく関与しないわけではないが、歴史的事象は、根本的にはすべて神の意思の表れである。

こうした歴史解釈は、中世にはルッカのプトレマエウスやダンテ、ルネサンス期にはペトラルカやサルターティなどの議論に見出される。グレゴリオ・ダーティによれば、「ローマ人は七〇〇年という期間、徳や卓越した正しい行動と、神の恩寵とによって全世界の大部分を支配した」。修道士サヴォナローラもまた、古代ローマの偉業を神慮に関連づけている。だが、ローマの繁栄の理由をもっぱら神慮に求めることは、人為的な見地からの説明をほとんど回避することでもある。

世俗化の進展

しかし、もし神への信仰が欠如し、それゆえ世俗の出来事を神の摂理と捉えることができなければ、どのような認識が生じるだろうか。ローマの偉大さが異教の神々に由来するという古代の見解に戻らない限り、この世界の出来事は、神の関与しない事象であり、それは、運や偶然によるものにすぎない。ルネサンス期の著述家たちは、しばしば運や偶然を人格化し、比喩的に「運命の女神」の作用だと表現した。このようにローマの偉大さの原因をフォルトゥナで「説明」することが第二の方法である。

J・G・A・ポーコックは、摂理・フォルトゥナ・信仰という三つの項でこうした理解のあり方を定式化している。ある出来事が人間にとって不可解な現象であっても、それが神慮の下にあると信じるのであれば、その出来事に意味づけがなされていることになる。例えば、洪水で家族が死去した場合、この出来事が神の何らかの配慮によるものだと信じることができれば、それは、摂理の一部であったということになる。すなわち、フォルトゥナに信仰が加わる場合、その現象は、摂理の表出である。「フォルトゥナ＋信仰＝摂理」。もし対象を完全に神慮の表出であると信じるならば、フォルトゥナは消滅する。

なお、ポーコックによれば、もし摂理に預言が加えられるならば、それは、啓示された終末論となる。「摂理＋預言＝啓示された終末論」。世俗的共同体は、不安定な個別的出来事の連続をこうした異端的手段で理解しえたのであり、終末論が啓示されるのであれば、その出来事に一種の理解の様式が提供されていることになる。例えば、北方から国王がフィレンツェに到来した場合、預言書に準じながら、この出来事が終末に至る一段階であり、しかもフィレンツェ市民が「選ばれた民」であることの証であると解釈することができるかもしれない。サヴォナローラの預言は、こうした終末論の物語の中にフィレンツェの政治的出来事を置く営為であり、彼を信奉する市民は、それによって先例のない出来事に意味を見出し、将来の見通しを獲得できた。ポーコックの興味深い解釈によれば、黙示録は、世俗的歴史意識の登場のための強力な道具であった。黙示録の思考様式から信仰が差し引かれるならば、近代的な歴史意識に見えるだろう。

他方、人間の能力や思慮がすべての出来事や現象を理解・制御しうる場合もまた、フォルトゥナが支配する余地はない。もっとも、ローマの偉業がローマ人の実力にのみ基づいていたと理解することは、純粋なキリスト教の立場からすれば、人間の傲慢さの表れと見えるだろう。彼らの偉業は、この宗教的立場にとっては、神の助力なしには不可能であった。もちろん、人間は、世俗の出来事を完全に理解する資質を持っているわけでも、対象を完全に支配する能力を持っているわけでもない。この制御不可能な部分については、フォルトゥナが支配しているという表現が用いられた。「フォルトゥナ＋信仰＝摂理」という先述の式を移項するならば、世俗化の進展が示される。すなわち、摂理から信仰が差し引かれる場合、それは、フォルトゥナと呼ばれるのである。「摂理－信仰＝フォルトゥナ」。洪水で家族を亡くした場合、もしその出来事が神慮によるものだという信仰がなければ、それは、たんなる不条理にすぎない。

一四世紀のペストでフィレンツェの人口の半分近くが死んだとも言われているが、この悲劇を神慮に帰すことは容易ではないだろう。しかし、もしその出来事が神の意志と関係がないならば、それはたんに非合理的な現象に留まるだろう。ボッカッチョの『デカメロン』は、ペストから避難した人々が語り合う多くの物語である。その物語の大半は、彼の独創というわけではないが、彼があえて話題を運命の変転に限定していることから判断すれば、彼は、運命の現象に自覚的であるように見える。ある物語では、裕福で美しい王女を乗せた船が不運にも旅の途中で座礁し、彼女はその後、素性が知られぬまま見知らぬ土地で様々な不幸に直面したが、偶然にも彼女の身分が知られ、最終的には元の地位に戻った。権力者ですら運や偶然に逆らうことはできず、それらに支配されている。

運や偶然に基づく物語の叙述は、出来事を宿命として受け入れていないことを示している。当時の多くの著作には、運命の女神が頻繁に登場するが、これは、当時の世俗化の一つの指標と言えよう。とすれば、「中世－神＝ルネサンス」であるというE・H・ジルソンの定式も、妥当であろう。もちろん、この世俗化の進展は、漸進的なものであり、一夜にしてすべてが変化したわけではないし、右の定式の「信仰」の項目がルネサンス期にゼロとなったわけでもない。
中世とルネサンスが連続しているか、それとも断絶しているかという論争がかつてなされていたが、もしそこで中世やルネサンスを実体化しているのであれば、その論争は、ほとんど無意味であろう。そうした時代区分は、われわれ分析者が構成した概念にすぎない。すべての歴史的現象は、連続的とも言えるし、逆に、同じ歴史的現象は、何一つないとも言える。ある分析者が対象に区分を設けることで知的な意義を提示できると思える場合には、分析者は、断絶性をテーマとすることになり、逆に、この描写で見えにくくなった連続面を見出そうとする場合には、連続したものとして対象を括り出すことになろう。本書の「ルネサンス」は、世俗化の観点から定義されている。

人為的産物としてのローマの発展

ローマの世界支配を神の所業であるとは考えない世俗的見地からすれば、その偉業は、幸運の産物であろう。古代のサルスティウスは、「運があらゆる事柄を支配しているのである」と述べていた。すでに引用したように、マキァヴェッリは、プルタルコスやリウィウスもそうした見解を抱いていたと見ている。しかし、出来事を完全に運や偶然に求めることは、それを神の所業とする場合と同様に、人為的見地からの説明をほとんど放棄していることになる。マキァヴェッリは、自らと同様に当時の人々がそうした「説明」に納得しないだろうと指摘してみせている。彼からすれば、それは説明になっていない。彼はこの指摘の直後、ローマの発展の理由を説明する決意を表明している。

ローマのように発展した共和国がこれまでなかったとすれば、その理由は、ローマのように発展しうるように組織された国家がこれまでなかった点にある。以後で広範に論じていくように、彼ら〔ローマ人〕は、軍事力で支配権を獲得したのである。また、すでに獲得したものを維持するために最初の立法者が見出した彼らの制度や独自の様式があった。

ローマの発展は、純粋に幸運のみに基づいていたわけではない。マキァヴェッリによれば、その発展は、例えば、ローマ人が国家を発展させるような制度や原理を形成したから可能だったのである。マキァヴェッリは、本書で示したように、ローマの内政をテーマとした『ディスコルシ』第一巻でその制度の具体的なあり方を説明している。他方、ローマが対外的に成功を収めた理由は、内政的要因を別とすれば、軍事力を含む外交上の多様なヴィルトゥにあり、その具体的な説明は、第二巻で提供されている。彼の考えでは、ローマは、たしかに幸運にも依存したが、その偉業は、内政と外交のいずれにせよ、少なからず人為的産物である。

マキァヴェッリはこの議論の後に、例えば、ローマが一度に複数の国家と戦わなかったことは幸運であったという見解を紹介している。しかし、彼によれば、このように一般的には幸運に帰せられている事象も、ローマの戦争の順序やその遂行方法を考慮するならば、ローマ人の「能力と思慮」に基づいていたことが分かる。彼の説明によれば、ローマの勝利の後、他の多くの国々がローマに対抗しなかったのは、ローマが強大となり、名声を博していたためである。すなわち、この状態のローマは、近隣の国々を武力や策略で容易に抑えることが可能であり、他方で遠方の国々は、自らに脅威が差し迫っていないためにローマに関心を払うことはなかった。この場合、あたかもローマは、いずれの国々とも戦わずにすむ幸運な状態にある。マキァヴェッリに言わせるならば、軍事力を中心とする実力がいわゆる幸運な状態をローマに生じさせているのである。

国際関係に関するこの説明が説得的であるか否かは、ここでは問わないが、マキァヴェッリは、このような形で「幸運の原因を吟味する」ことが可能だと主張している。換言すれば、彼の新しい方法とは、国家の成功を安易にフォルトゥナに帰せず、その人為的要因を探求する試みである。ここから導き出される主張は、ローマ人と同様に行動し、彼らと同様の力量を具備しているならば、国家は、ローマと同じ「幸運」を享受しうるというものである。すなわち、個々の政策や行動の成功に関する因果関係が解明されるならば、ローマと同様の成功を収めることができるはずである。それは、一種の法則の提示とも言えよう。

家政から国政へ

すでに一五世紀にレオン・バッティスタ・アルベルティは『家族論』で、人々が家の興亡の理由を運に求めていることを批判していた。彼にとって、後のマキァヴェッリと同様に、国家の発展も、人間の資質次第である。例えば、ローマは、徳と栄光への欲求のために武力を行使していた時代には帝国を築くほどに繁栄したが、国家の公的利益よりも個別的利益が優先されるようになると、内部対立が生じた。彼によれば、マケドニア人は、運ではなくその愚かさによって破滅したのである。さらに彼は、古代ローマについても同様の説明を与えている。しかし、その作品でのアルベルティの目的は、家政術を読者に提供することであり、彼は、国家の自由や偉大さの原因究明を考察の具体的対象としているわけではない。個人的行為や家政のような身近な諸現象については比較的容易に因果関係を特定することができよう。だが、国家や国際関係の分野に関しては、対象が幅広く複雑でもあるから、その作業は、より大きな困難を伴うだろう。

すでに本書で示したように、伝統的な著述家は、ローマ人の徳がローマを偉大にしたという見解を示していた。アルベルティもまた、ローマの発展の理由を運や偶然に求めず、市民による公的利益追求の姿勢に求めている。たしかにマキァヴェッリも、包括的なレベルでは同様の説明を提供している。さらに彼は、国内の三要素の均衡と相互抑制が国家の発展を可能にしたという伝統的な混合政体理論を利用している。しかし、この説明は、大局的であるために素朴でもあろう。ローマ人は、具体的にはどのような制度・法律を整備し、どのように行動したために自由を維持し、かつ帝国へと発展を遂げたのだろうか。

『ディスコルシ』における知的努力は、この歴史的事象の解明に費やされている。これは、神や運の要因を重視する当時の文脈では新しく困難な試みではあったと推測されよう。マキァヴェッリは、ローマ人の政治的能力や徳がどのように発揮されたのかを具体的に解明しようとしたのである。その結果、彼は、本書で示したように、ローマの発展とその衰退や崩壊に至る一種の科学的・客観的な説明をも提示することとなった。彼の説明が本当に正しいかどうかは、ここで問わない。これを最初に著作で問うたのは、友人グィッチァルディーニである。

形而上学的転換

マキァヴェッリは『ディスコルシ』では、歴史的現象に世俗的な説明を与えたが、同時代の政治的現象についても同じことを成し遂げたと言えよう。われわれ近代人にとって分かりにくいのは、むしろ、アルベルティやマキァヴェッリが批判した従来の理解や態度であろう。すでに示したように、『君主論』第二五章によれば、「昔も今も多くの人々」は、「この世の物事が運や神によって支配されているので、人間は、思慮によってそれに抵抗することができない、いや、対策さえ講じえない」ため、「この世の物事について苦労すべきでなく、運に支配させるのがよい」という見解を抱いている。しかもマキァヴェッリは、近年では大変動が見受けられるため、自分自身もその意見に傾きがちであると告白している。

さらに、マキァヴェッリは、運をタイトルとした詩の中で「この世に生を受けた者は、誰であれ、遅かれ早かれ、彼女の力を思い知るのであるから、多くの者は、この女神を全能と呼んでいる」と論じている。この議論に従うならば、ルネサンス期にも多くの者が運命の女神を全能と見ていたことになる。マキァヴェッリのこの主張には誇張があるにせよ、明らかに彼は、実際に多くの人々が出来事の原因を神や偶然に求めていることに不満を抱いている。

すでに引用したように、マキァヴェッリによれば、人間の自由な意思は、排除されるべきではない。運命は、「われわれに残りの半分か、あるいは、半分近くを支配させていると見るのが正しいと私は思う」。少なくとも彼の論理では、神の支配や運の全能性を信じることは、すべてを必然と見ることであり、人間の自由を奪うことである。もちろん、中世の理論家は、アウグスティヌスやトマスの議論から明らかなように、必ずしも人間から自由意思を奪っているわけではないが、神が文字通りすべてを決定していると見るのであれば、人間に自由はなく、ゆえに人間が努力する必要はないだろう。その場合、人間には責任がない代わりに栄光もないだろう。

しかし、『君主論』によれば、人間は、自由であるがゆえに栄光を獲得しうる。「神は、われわれの自由意志を取り去らず、われわれに授けられた一端の栄光を奪わないために、すべてをなさろうとしないのである」。ここには、人間の自由と栄光を重視するルネサンス的な特徴がよく表れている。マキァヴェッリは、ルネサンスの世俗化された新しい潮流に乗っており、ヴィルトゥという言葉が頻出することから分かるように、人間の能力を力強く肯定している。すでに一五世紀にマネッティやピコ・デッラ・ミランドラのような著述家は、人間が尊厳を持ち、自由な存在であると論じていた。彼らやグィッチァルディーニの見解では、人間が神に近づくことが理想である。

他方、純粋な宗教的見地から言えば、人間は、儚く愚かな存在であり、無能な被造物にすぎない。さらに、人間が他者から称賛を受けようと企図すること、すなわち、名誉や栄光の追求は、虚栄を追い求めることである。人間はむしろ、全能たる神の栄光を称えることに努力すべきであり、神の全能性と偉大さを認めることで自らの無能さと愚かさを認識しなければならない。人間が神に近づこうと企図することは、あまりに傲慢な態度であろう。ここでは価値の中心を占めているのは、人間ではなく、神である。

これが中世の典型的な思想だと一般化するならば、ルネサンス期にはいわば形而上学的な転換が生じていると見ることができる。人々は、かつてと比べると、はるかに強い関心を人間に向けるようになり、人文主義(humanism)は、古代世界への強い関心のもとにこの傾向を後押ししたと考えられよう。芸術が人為だとすれば、この時代に芸術活動が著しく発展し、そこで人間が力強く描かれているのは、世俗化の進展と深い関係がある。政治学は、人間の自由な選択を考察の前提としているため、マキァヴェッリのような政治思想家がルネサンス期に登場するのも偶然ではない。右に述べた世俗的な説明という側面から言えば、彼を近代の思想家と呼ぶことができる。

運命の克服とその失敗

サヴォナローラは、「国家は、祈りによっては統治しえない」という見解を批判していた。おそらく彼の想定では、人間の祈りと正しい行いは、神の恩寵と関連があり、祈りや善行ゆえに良き統治に与ることができるだろう。神が善人には必ず褒賞を与えるという信仰からすれば、君主が善行と祈りを重ねている場合には事態が好転する期待を抱くことはできよう。他方、人間がいかに善行を重ねようとも、神は、自らに報いてくれるはずだと考えてはならないという立場からすれば、逆境において神に期待することはできない。

このように神の意図は人間には容易には分からないと考えるならば、自分に不幸が巡ってきたとしても、それを神の意思として受け止めねばならないだろう。それは、神が与えた試練や罰かもしれない。神は、それに何らかの意味を与えているはずである。その状況にしっかりと耐え忍び、その意味を摂理の一端として理解することがボエティウス的なヴィルトゥ、すなわち徳である。諦念とも言うべきこの知的・精神的能力は、けっして活動的な力量ではないが、フォルトゥナを克服する手段の一つではある。

しかしながら、マキァヴェッリは、自らに降りかかった事態を宿命として甘受するヴィルトゥを人間にとっての望ましい資質だとは考えていない。彼からすれば、人間は、そもそもそうした事態が降りかからないように努力することができるし、そうすべきである。彼の考えでは、国家は、祈りによっては統治しえないのであり、いざという時に神や運が助けてくれると信じるべきではない。『君主論』第二四章によれば、イタリアの君主たちは、国家の喪失を運のせいにすべきではない。彼の見るところ、君主たちは、自由に選択できたのであるから、国家を失ったのは、君主たちの責任に他ならない。

サヴォナローラの失脚後、神のフィレンツェへの作用をもはや期待できなくなった人々にとっては、政治的現象は、フォルトゥナという混沌のままであろう。すなわち、フランスのイタリア侵入は、神慮や不運に基づくものではないとすれば、なぜ生じたのかという疑問が生じるだろう。フィレンツェ共和国やイタリアの現在の困難の原因は、世俗的見地から説明しなければならない。その原因が解明されるならば、悪しき事態を克服する手立ても見出されるかもしれない。

フィレンツェに関して言えば、マキァヴェッリの理論は、サヴォナローラの終末論の代わりに世俗的な観点から共和国の行方に一つの展望を提供するものであった。それは、理論的に突き詰めるならば、国家がいずれは滅亡する物語である。彼は、統治体が有機物であるという前近代的発想を抱いているため、国家は、遅かれ早かれ、必然的に腐敗と破滅に至る。君主もまた、仮にその生命が永続したとしても、成功し続けることはできない。というのも、本書で示したように、『君主論』第二五章によれば、現実の君主は、時勢の変化を把握し続けることはできないし、それができたとしても、生まれながらの本性と自らの経験への固執ゆえにそれに対応することができないからである。君主の個性は、成功の継続のための障害となる。このようにマキァヴェッリの政治理論は、人間の限界に関する認識に基づいている。

マキァヴェッリ——ルネサンスの思想家

グィッチァルディーニの『リコルディ』の一節(C三三)からは、中世的態度からルネサンス的態度への世代間移行が読み取れる。彼によれば、父親ピエロは、不正に獲得された富が三代目の相続者の享受するところとはならない理由を語っていた。すなわち、神は、アウグスティヌスの説くところでは、人間の善行には報いを、悪行には罰を必ずもたらす。父によれば、不正に獲得された富は、必ず浄化されねばならないため、三代目までは相続されないのである。

しかし、グィッチァルディーニは父親のこの説明に対し、実際にはその主張とは逆の事例が見出せるため、それが真理だとは言えないし、もしそうしたことがあるにしても、それとは別の説明も可能であろうと答えたという。すなわち、彼によれば、相続における富の減少は、神の罰とは限らない。例えば、最初に富を獲得した者は、貧困の中で育ったため、富の獲得に貪欲であり、富の獲得や維持の方法も知っているが、三代目にはそうした経験や術がないため、その人物が容易に富を喪失することは、けっして不思議ではないのである。

マキァヴェッリは、神が善人に報いてくれるという信仰や、運が自らに味方しているという根拠なき想定を打ち砕き、祈りや無為による統治を批判している。欺瞞や裏切りなどの悪徳は、政治的失敗をもたらすかもしれない。とはいえ、神の意志ゆえにそうなるわけではない。そこには世俗的理由がある。裏返せば、暴力や悪徳の行使ゆえに神が罰を与え、現世で不幸になるわけでもない。ローマの成功がローマ人の徳に対する神の報いであるという伝統的な理解からすれば、ルッカのプトレマエウスが論じたように、悪しき君主には必ず神による罰が下る。しかし、マキァヴェッリが神を信じていたとしても、その神は、現世の事柄にそのように関与することはないように見える。だとすれば、彼にとっての知的な課題は、いかなる政治的行為がいかなる帰結をもたらすかという問題に関する世俗的説明であろう。マキァヴェッリは、粘り強くかつ大胆にこの問題の解明に取り組んだ人物である。

すでに触れたように、中世と比較する限り、ルネサンス期には人間の自由や能力が力強く肯定された。この命題は、たしかに聞こえは良いが、そのことは、信仰の欠如に伴う不安や知的混沌をその代償としている。それゆえ、単純に中世よりも近代が良いというわけではない。不安や混沌を抑えるためには大いなる努力を要するし、すでに述べたように、人間が神ではないゆえにいくら努力を重ねたとしても、その不安は、完全には解消されえない。この状態は、憂鬱な状態であろう。

しかし、マキァヴェッリは、対象を理解しようとする意欲を捨て去ることはできなかった。彼は、親友ヴェットーリとの書簡から明らかなように、政治を語らざるをえなかったのである。マキァヴェッリの理論的な試みは、キリスト教的理解への挑戦であり、さらには、その理解が確実性を失い始めたゆえの知的混沌への対応と見ることができる。

あとがき

本書は、マキァヴェッリの政治思想に関する入門書である。彼が『君主論』を執筆してから約五〇〇年が経過した。どのような思想家も多少は誤解されるが、彼ほど多様に解釈され、誤解を受けてきた人物はいないだろう。本書では、『君主論』を中心に彼の実際の政治思想を明らかにしようと試みた。

かつては、マキァヴェッリが現代にも通用する普遍的なメッセージを発しているか、あるいは、普遍的な真理を語っていると考えられていた。しかし、彼は、彼の時代の政治的課題に向き合っていたのであるから、そのような解釈には無理がある。

もし『君主論』の助言を直接的に現代の政治的問題に応用して成功しようとすれば、その政治状況がマキァヴェッリの想定している状況と同じか、少なくとも類似していなければならないだろう。別の環境にある現代の読者が彼の助言通りに振る舞うことは、あまり意味がないように思われる。しかも、彼の助言に基づく振る舞いが適切であるためにはその助言が正しいという前提がなければならないが、それを判断することは難しい。本書で触れたように、彼の助言が実践的に有効であったかという問題は、彼が後世に実現する国家を先取りしていたかという問題と同様に、彼の思想的な偉大さとはさほど関係がない。

たしかに『君主論』は、統治術のマニュアルであり、それは、限定された状況ではおおまかな指針を提供することができるだろう。その助言は、まったく統治経験のない人物にはそれなりに有効であろう。しかし、マニュアルは、いかに対象を限定しているにせよ、その範囲におけるすべての出来事を網羅することはできない。グィッチァルディーニが強調しているように、どのような法則にも必ず例外がある。マキァヴェッリは、おそらくこのことを認識しており、経験豊かな彼自身が助言者としてその現場で具体的な判断を下そうと考えていたのであろう。経験を有する人であれば、安易にマニュアルに依存せず、その具体的状況で思慮をはたらかせるほうが成功するのではなかろうか。

歴史的著作の魅力の一つは、著者が現代とは異なる時代の思想を抱いているところにある。現代的価値が普遍的であり、著者がその価値に到達しているかという視点から歴史的著作を読んだとしても、それは、自分と同じものを古典の中に探し求めているだけであり、他者の著作に自分の価値や思考を投影しているにすぎないだろう。自分にとって自明となっている価値や思考を反省的に問い直すためには、自分とは異なる他者が必要であり、歴史的著作は、そうした他者の見解を現代人に忌憚なく主張しているゆえに意義がある。歴史上の著者をその書かれた時代から理解する重要性は、その理解がひいては自己の従前の理解を修正・改善しうる点にある。それは、異質な文化に属する他者、あるいは、同じ文化に属しつつも自分とは異なる見解を抱く他者と接する場合に相手の環境で考えてみるという、いささか面倒な試みの重要性と同じである。

『君主論』が誤解を受け続けてきた理由は、いくつか挙げられようが、その一つは、マキァヴェッリの置かれていた歴史的状況や彼がそこで取り組もうとしている課題を後世の人々が見過してきたことにある。例えば、彼はその作品で、メディチ家が新君主国という特殊な政治状況に直面しているゆえにその状況で君主が採るべき行為を考察している。にもかかわらず、そこでの助言は、あたかも君主国一般に対するものだと理解された。彼があえて伝統的な議論を覆し、挑発的に論じたことも、その誤解に拍車をかけたのではなかろうか。

『君主論』の魅力の一つは、マキァヴェッリが征服ないしその直後における現象と行動のあり方を突き詰めたところから生じている。彼は、その状況で読者が政治権力を維持しようと思う限り、避けては通れないと思われる手段を明確にした。マキァヴェッリが想定している政治状況では、非道徳的な行為が不可避的であり、読者は、いわば究極的な選択を強いられることになろう。それは、真摯に考えるならば、読者に強いストレスを与えるに違いない。マキァヴェッリの助言は、うまくやればそうした状況でも悪を避けられると信じたい人々、あるいは、そもそもそうした状況には目を向けたくないと思う人々には不快感を与えるだろう。逆に、政治においては人間が完全ではないゆえに悪が不可避的な局面もあると意識している人々には一定の満足感を与えるのではなかろうか。

古典的地位を占めているほどの作品の場合、その著者は、同時代人には見えていなかったものを見ており、新しい理解のあり方を提供している。そこには、それが見えていない人々にも見せようとする強い意欲があり、優れた政治思想家は、自らの新しい発想を支える強靭な論理力を具えている場合が多い。古典的著作が長年にわたり読み継がれている一因は、深い探求ゆえにそれが理論的な強さを具えているところにあろう。そのため、たしかに歴史的背景を知ることは重要であるが、まずは古典的作品をじっくりと読むことを本書の読者には勧めたい。読み終えた結果、もし何が分からないかが分かれば、それは大きな一歩である。

紙面の都合上、本書では語りきれなかった論点も多い。必ずしも明快に解釈できなかった部分については、本書で問題提起をしたつもりである。本書の読者がマキァヴェッリの胸を借り、彼の助言や理論の妥当性を吟味するならば、読者にとって有益となるであろうし、その結果、本書の解釈の妥当性をも判断していただければ、幸いである。そうした知的作業の積み重ねは、読者の政治的思慮を高め、現代の政治的問題に対する眼力を養うことになるのではなかろうか。それが政治思想史の古典が持つ普遍的な意義の一つであろう。

本書が依拠した『君主論』の原典は、*Il Principe*, a cura di Giorgio Inglese (Torino: Giulio Einaudi Editore, 1995) である。翻訳にあたっては、従来の訳を参考にしたが、本書での邦訳は著者によるものである。なお、『ディスコルシ』の原典は、次のものが利用しやすい。*Discorsi sopra la prima deca di Tito Livio*, introduzione di Gennaro Sasso, premessa al testo e note di Giorgio Inglese (Milano: Rizzoli Editore, 1984).

マキァヴェッリの著作の翻訳は、ほぼ『マキァヴェッリ全集』第一—六巻（筑摩書房、一九九八—二〇〇〇年）に収められている。『君主論』には多くの翻訳があり、その大半が文庫版であるため、容易に入手できるだろう。参考文献については拙著『征服と自由——マキァヴェッリの政治思想とルネサンス・フィレンツェ』（風行社、二〇一三年）、あるいは、『ノモス』（関西大学法学研究所機関誌）第三六号（二〇一五年）三一—八一頁 (http://www.kansai-u.ac.jp/ILS/publication/asset/nomos/36/nomos36-05.pdf) を参照されたい。

本書の『君主論』理解の基礎的部分は、関口正司先生（九州大学名誉教授）の講義から私が学んだものであり、先生からはその後も私的なやり取りの中で多くの有益な助言や示唆をいただいた。安武真隆氏（関西大学教授）と犬塚元氏（法政大学教授）には本書の原稿を読んでいただき、貴重な指摘や助言を頂戴した。私がこれらの助言を本書で活かし切れているか甚だ心もとないが、直接的に本書に関与していただいたお三方には、ここでお礼を申し上げたい。また、東北大学、鹿児島大学、九州大学、新潟大学で本書に関連する講義を受講された学生の皆さんにも心より感謝したい。本書の編集を担当していただいた中山永基氏には、大変お世話になった。最後に、つねに支えてくれている家族にも謝意を表したい。本書は、JSPS 科研費 JP18K00100, JP15H03287 の助成を受けたものである。

鹿子生浩輝

二〇一九年四月　ケンブリッジにて

マキァヴェッリ略年譜

1469　マキァヴェッリ，フィレンツェ共和国で誕生.
1494　フランス王シャルル 8 世，イタリアに侵攻．メディチ家，フィレンツェから追放される．大評議会の創設.
1498　サヴォナローラの処刑．マキァヴェッリ，フィレンツェ第二書記局の長に就任する.
1499　チェーザレ・ボルジア，支配権を拡大.
1502　フィレンツェで終身の執政長官職が創設され，ピエロ・ソデリーニが就任.
1503　教皇アレクサンデル 6 世の死去．教皇ピウス 3 世の後，教皇ユリウス 2 世即位.
1509　フィレンツェ，ピサの制圧.
1511　ユリウス 2 世がフランス王ルイ 12 世に対抗するため神聖同盟を締結.
1512　プラートの略奪．ソデリーニ政権の崩壊．メディチ家のフィレンツェ復帰．マキァヴェッリの失職.
1513　マキァヴェッリの投獄．ユリウス 2 世の死去．ジョヴァンニ・デ・メディチ，教皇レオ 10 世として即位．マキァヴェッリの釈放．山荘で『君主論』執筆開始？
1515　『ディスコルシ』執筆開始？『君主論』完成？
1516　ロレンツォ・デ・メディチ，ウルビーノ公になる.
1519 ないし 1520　『戦術論』執筆.
1520　この頃，『フィレンツェ政体改革論』執筆.
1523　ジュリオ・デ・メディチ，教皇クレメンス 7 世として即位.
1525　フランス王フランソワ 1 世，パヴィアの戦いで敗戦．『フィレンツェ史』クレメンス 7 世に献呈.
1526　クレメンス 7 世，コニャック同盟を締結し，神聖ローマ皇帝に対抗.
1527　ローマの劫略．メディチ家追放．マキァヴェッリ，書記官落選，死去.

鹿子生浩輝

1971年生まれ．東北大学大学院法学研究科教授．九州大学大学院法学研究科博士課程修了．博士(法学)．九州大学法学研究院助手などを経て，2017年より現職．専攻は西洋政治思想史．著書に『征服と自由——マキァヴェッリの政治思想とルネサンス・フィレンツェ』(風行社，2013年)．

マキァヴェッリ
——『君主論』をよむ　　岩波新書(新赤版)1779

2019年5月21日　第1刷発行

著　者　鹿子生浩輝《かこおひろき》

発行者　岡本　厚

発行所　株式会社　岩波書店
〒101-8002 東京都千代田区一ツ橋2-5-5
案内 03-5210-4000　営業部 03-5210-4111
https://www.iwanami.co.jp/

新書編集部 03-5210-4054
http://www.iwanamishinsho.com/

印刷・三陽社　カバー・半七印刷　製本・中永製本

ISBN 978-4-00-431779-1　　Printed in Japan

岩波新書新赤版一〇〇〇点に際して

ひとつの時代が終わったと言われて久しい。だが、その先にいかなる時代を展望するのか、私たちはその輪郭すら描きえていない。二〇世紀から持ち越した課題の多くは、未だ解決の緒を見つけることのできないままであり、二一世紀が新たに招きよせた問題も少なくない。グローバル資本主義の浸透、憎悪の連鎖、暴力の応酬——世界は混沌として深い不安の只中にある。

現代社会においては変化が常態となり、速さと新しさに絶対的な価値が与えられた。消費社会の深化と情報技術の革命は、種々の境界を無くし、人々の生活やコミュニケーションの様式を根底から変容させてきた。ライフスタイルは多様化し、一面では個人の生き方をそれぞれが選びとる時代が始まっている。同時に、新たな格差が生まれ、様々な次元での亀裂や分断が深まっている。社会や歴史に対する意識が揺らぎ、普遍的な理念に対する根本的な懐疑や、現実を変えることへの無力感がひそかに根を張りつつある。そして生きることに誰もが困難を覚える時代が到来している。

しかし、日常生活のそれぞれの場で、自由と民主主義を獲得し実践することを通じて、私たち自身がそうした閉塞を乗り超え、希望の時代の幕開けを告げてゆくことは不可能ではあるまい。そのために、いま求められていること——それは、個と個の間で開かれた対話を積み重ねながら、人間らしく生きることの条件について一人ひとりが粘り強く思考することではないか。その営みの糧となるものが、教養に外ならないと私たちは考える。歴史とは何か、よく生きるとはいかなることか、世界そして人間はどこへ向かうべきなのか——こうした根源的な問いとの格闘が、文化と知の厚みを作り出し、個人と社会を支える基盤としての教養となった。まさにそのような教養への道案内こそ、岩波新書が創刊以来、追求してきたことである。

岩波新書は、日中戦争下の一九三八年一一月に赤版として創刊された。創刊の辞は、道義の精神に則らない日本の行動を憂慮し、批判的精神と良心的行動の欠如を戒めつつ、現代人の現代的教養を刊行の目的とする、と謳っている。以後、青版、黄版、新赤版と装いを改めながら、合計二五〇〇点余りを世に問うてきた。そして、いままた新赤版が一〇〇〇点を迎えたのを機に、人間の理性と良心への信頼を再確認し、それに裏打ちされた文化を培っていく決意を込めて、新しい装丁のもとに再出発したいと思う。一冊一冊から吹き出す新風が一人でも多くの読者の許に届くこと、そして希望ある時代への想像力を豊かにかき立てることを切に願う。

（二〇〇六年四月）